CM2

Compréhension
Lexique
Étude de la langue
Orthographe

CLEO

français

Manuel d'entrainement

Antoine Fetet
PEMF

Isabelle Nallet
PRAG, Université de la Réunion

RETZ
editions-retz.com

Sommaire

Compréhension

Lexique

ISBN : 978-2-7256-3819-5

Étude de la langue

Orthographe

Cet ouvrage suit l'orthographe recommandée par les rectifications de 1990 et les programmes scolaires. Voir le site **http://www.orthographe-recommandee.info** et son miniguide d'information.

Présentation

C.L.É.O. est un dispositif d'entrainement pour accompagner tous les élèves, à leur rythme, dans la maitrise progressive de la langue.

Conformément aux orientations définies par les programmes 2016, **C.L.É.O.** organise les apprentissages au moyen de séances courtes et fréquentes d'observation, de manipulation et de réflexion sur le fonctionnement de la langue, favorisant l'appropriation des compétences sur le long terme.

Le manuel est organisé en quatre domaines aisément repérables :

- **Compréhension** (informations implicites, cohérence textuelle, chronologie du récit, substituts du nom, intentions et sentiments des personnages, etc.)
- **Étude de la langue** qui englobe la grammaire et la conjugaison (organisation de la phrase, classes et fonctions grammaticales, étude du système verbal, temps de l'indicatif, etc.)
- **Lexique** (utilisation du dictionnaire, familles de mots, préfixes, suffixes, polysémie, mots génériques, sens propre et sens figuré, etc.)
- **Orthographe** (maitrise des accords dans le groupe nominal, accord sujet-verbe, terminaisons verbales, homophones, etc.)

Ce manuel comprend trois types d'activités, généralement réparties en trois rubriques.

Activités « *Pour commencer* »

En ouverture de chaque séquence, ces activités sont conçues comme des **situations-problèmes** déclenchant chez l'élève un questionnement, un intérêt pour la notion à étudier. Elles sont conduites au sein de moments de travail collectif, individuel ou en groupe. Leur déroulement est détaillé dans le guide pédagogique.

L'entrée dans la notion permet naturellement une première découverte, mais constitue également une préparation aux activités « Pour s'entrainer » : quelles procédures sont à mettre en œuvre ? sur quels points l'attention devra-t-elle porter ? quelles seront les difficultés à surmonter ou les obstacles à franchir ? Etc.

Il ne s'agit pas ici de présenter des savoirs trop tôt ou trop vite et d'en demander l'acquisition instantanée : C.L.É.O. promeut une vision plus réaliste des processus d'apprentissage. L'élève doit être conscient qu'apprendre n'est ni forcément facile, ni forcément rapide, mais qu'un entrainement méthodique et régulier, une appropriation patiente des procédures sont nécessaires à une véritable acquisition des compétences. Le principe des entrainements réitérés donne le temps à tous les élèves de progresser et de maitriser peu à peu les difficultés rencontrées.

La première partie du cahier d'activités reprend un grand nombre de ces activités « Pour commencer » afin d'en faciliter la mise en œuvre.
Le picto mentionne un renvoi au cahier.

Comment utiliser C.L.É.O. au quotidien ?

L'utilisation de ce manuel n'est pas linéaire : les séquences d'entrainement sont organisées sur le moyen et le long terme (de quelques semaines à plusieurs mois), de sorte que la programmation prévoit le tuilage sur l'année des domaines d'activités et des notions à étudier (voir la programmation indicative proposée dans les pages 6 et 7 de ce manuel).

Pour exemple, une journée de classe « type » comporte généralement trois moments de travail avec le dispositif C.L.É.O., de durées variables :

- une séance « **5 minutes chrono** » en début de journée, équivalent du calcul mental pour l'étude de la langue (il s'agit d'une très courte activité ritualisée, portant sur un point d'orthographe, de lexique ou de grammaire, et permettant la réactivation et le renforcement d'un point de langue étudié précédemment – description détaillée dans le guide pédagogique) ;
- une séance « **Pour commencer** », d'une durée de 30 à 40 minutes environ ;
- une séance « **Pour s'entrainer** », d'une durée de 15 à 20 minutes environ.

Cette nouvelle version de C.L.É.O. recentre l'étude de la langue sur les compétences de base. Elle a été conçue afin de dégager du temps pour les activités d'écriture et d'oral (détaillées précisément dans le guide pédagogique et le cahier d'activités), conformément aux orientations définies par les nouveaux programmes.

IMPORTANT

Cette nouvelle version du manuel C.L.É.O. CM2 est indissociable des autres éléments du dispositif :

- **Le cahier d'activités :** il facilite la mise en œuvre des activités « Pour commencer » et regroupe de nombreuses situations d'écriture variées, inédites et transdisciplinaires (lecture d'images, histoire de l'art, éducation morale et civique...). Dans le manuel, le picto signale un renvoi à ce cahier.
- **Le guide pédagogique :** accompagné d'un CD-Rom, il permet de s'approprier les principes didactiques et pédagogiques innovants de la méthode et présente un grand nombre d'activités supplémentaires et de propositions d'ateliers d'écriture ainsi que des pistes détaillées pour travailler l'oral.
- **Le site compagnon (www.cleofrancais.fr) :** entièrement réactualisé, il offre aux utilisateurs de C.L.É.O. CM2 un grand nombre d'outils complémentaires (affichages, suivi et évaluation des élèves, activités supplémentaires...).

Activités « Pour s'entrainer »

Ces séries d'activités constituent le cœur de l'apprentissage. Elles s'appuient sur la manipulation concrète des notions étudiées, et non sur la présentation à priori des savoirs. D'un format stable (une consigne commune, une complexité similaire sur l'ensemble d'une série), elles donnent le temps aux élèves de se saisir de la notion en cours d'apprentissage et de progresser, chacun à leur rythme. Il s'agit de favoriser un sentiment de sécurité et de compétence face à des activités dont, peu à peu, on perçoit mieux les enjeux et les critères de réussite.

Trois auteurs de littérature jeunesse (F.J. Fanny Joly, R.F. Roland Fuentès, F.L. Fabrice Lauria, présentés p. 160 de ce manuel) ont écrit une partie des textes supports d'activités. Chacun d'entre eux y a apporté son style, son imaginaire et sa passion de l'écriture, permettant qu'étude de la langue et plaisir de lecteur aillent de pair.

Activités « Pour aller plus loin »

Ces activités sont destinées en priorité aux élèves les plus rapides ou les plus avancés : elles leur permettent de travailler sur les mêmes notions, mais sous un angle différent, généralement plus complexe, ou encore d'aborder une notion nouvelle en lien avec celle qui est étudiée. Elles constituent donc un moyen efficace de gérer l'hétérogénéité dans la classe.

En prolongement, des **activités d'écriture** sont également proposées dans le cahier d'activités.

L'aide-mémoire

Il synthétise l'ensemble des notions à maitriser au CM2. Quand une règle, une procédure ou un savoir ont été formalisés en classe, l'enseignant donne à apprendre la leçon correspondante dans l'aide-mémoire. Ce moment de formalisation intervient en cours ou à l'issue des entrainements.

Le rôle de l'aide-mémoire est donc double :

- **outil d'apprentissage** des leçons, il comporte une rubrique « À la maison » (destinée aux parents) pour rendre la mémorisation plus efficace ;
- **outil d'aide** pour l'écriture en autonomie, il est organisé et rédigé de manière à être réellement à leur portée.

Évaluation

La démarche de **C.L.É.O.** met l'accent sur l'appropriation progressive des savoirs et des savoir-faire. De même, l'évaluation proposée s'intéresse davantage aux progrès de l'élève sur le moyen et le long terme qu'à sa performance à un instant *t*.

Les élèves peuvent mesurer leurs progrès en continu, grâce à des graphiques (présentés dans le guide pédagogique et à télécharger sur **www.cleofrancais.fr**). Ils suivent ainsi l'évolution de leurs performances et prennent davantage conscience du caractère progressif de l'appropriation des compétences.

À la fois plus sécurisant et plus exigeant, ce mode d'évaluation définit clairement le niveau de réussite attendu de la part de tous les élèves.

En conclusion

La conception de C.L.É.O. s'appuie sur des options didactiques et pédagogiques fortes :

- **laisser le temps** à tous les élèves de s'approprier les notions à acquérir ;
- **organiser des entrainements réguliers** sur ces notions... mais non rébarbatifs ;
- **proposer des situations de travail** mobilisatrices et stimulantes ;
- **donner aux élèves une meilleure visibilité** des apprentissages dans lesquels ils s'engagent.

Programmation

Semaines : 1 | 2 | 3 | 4 | 5 | 6 | 7 | 8 | 9 | 10 | 11 | 12 | 13 | 14 | 15 | 16 | 17 | 18

COMPRÉHENSION

- Je comprends ce qui est « caché » dans un texte pp. 8-15 — pc, 1, 2, 3, 4, 5, 6, 7, 8, 9, 10, 11
- Je fais attention à la logique des textes pp. 16-18 — pc, 1, 2, 3, 4, 5, 6
- Je repère… pp. 27-29 — pc
- Je comprends la chronologie d'un récit pp. 19-22 — pc, 1, 2, 3, 4, 5
- Je comprends … et les intentions — pc, 1, 2

LEXIQUE

- Je trouve un mot grâce au contexte pp. 38-39 — pc, 1, 2, 3, 4, 5
- J'utilise avec aisance le dictionnaire pp. 45-47 — pc, 1, 2, 3, 4
- Je manipule des no… à partir d'éléments latins ou grecs — pc, 1, 2, 3
- Je comprends comment les mots sont fabriqués (1) pp. 40-41 Les suffixes — pc, 1, 2, 3, 4, 5
- Je sais former des noms abstraits à partir d'adjectifs pp. 48-49 — pc, 1, 2, 3, 4
- Je transforme les ver… pp. 55-57 — pc, 1, 2, 3, 4
- Je sais repérer les familles de mots pp. 42-44 — pc, 1, 2, 3, 4, 5
- Je comprends comment les mots sont fabriqués (2) pp. 50-52 Les préfixes — pc, 1, 2, 3, 4, 5, 6
- Je compre… les mots s… pp. 58-59 — pc, 1

ÉTUDE DE LA LANGUE

- Je maitrise la ponctuation pp. 76-78 — pc, 1, 2, 3, 4, 5
- Je repère les compléments du nom pp. 87-88 — pc, 1, 2, 3, 4
- Je repère les compl. de phrase et les compl. du verbe pp. 95-96 — pc, 1, 2, 3, 4, 5, 6
- Je conjugue les verbes au présent pp. 79-81 — pc, 1, 2, 3, 4, 5, 6
- Je distingue les compl. du verbe et les compl. du nom pp. 89-90 — pc, 1, 2, 3, 4, 5
- Je conjugue les verbes à l'imparfait et au passé composé pp. 97-99 — pc, 1, 2, 3, 4
- Je reconnais les noms, les verbes et les adjectifs pp. 82-84 — pc, 1, 2, 3, 4, 5, 6, 7, 8
- J'utilise les pronoms sujets et pronoms compl. pp. 93-94 — pc, 1, 2, 3, 4
- Je manipule les adj. pp. 102-104 — pc, 1, 2, 3, 4
- Je repère le groupe sujet et le groupe verbal pp. 85-86 — pc, 1, 2, 3, 4, 5
- Je découvre l'attribut du sujet (1) pp. 91-92 — pc, 1, 2, 3, 4
- Je découvre l'attribut du sujet (2) pp. 100-101 — pc, 1, 2, 3

ORTHOGRAPHE

- Je maitrise les accords dans le groupe nominal pp. 134-135 — pc, 1, 2, 3, 4, 5
- J'accorde le verbe avec le sujet pp. 141-142 — pc, 1, 2, 3, 4, 5, 6, 7
- pc
- Je distingue les mots qui se ressemblent pp. 136-138 — pc, 1, 2, 3, 4, 5, 6, 7, 8, 9
- J'écris les mots en *-ail, -eil, -ouil, -euil* pp. 146-147 — pc, 1, 2, 3, 4, 5
- Je choisis le participe passé ou l'infinitif pp. 139-140 — pc, 1, 2, 3, 4, 5
- Je comprends la présence d'un -e m… — pc, 1, 2, 3

Cette proposition de programmation est indicative : on l'adaptera à la réalité de la classe.

(pc) = Activités « Pour commencer ».

19	20	21	22	23	24	25	26	27	28	29	30	31	32	33	34	35	36

12 13 14 15 16 17 18 19 20
s différentes désignations des personnages — 1 2 3 · Je repère les « sauts dans le temps » d'un récit pp. 34-37 — pc 1 2 3 4 5 6
s sentiments s personnages pp. 23-26 — 3 4 5 · J'adapte ma lecture au fil du texte pp. 30-33 — pc 1 2 3 4 5 6 7 8
mposés . 53-54 — 4 · J'utilise des mots de sens contraire pp. 60-61 — pc 1 2 3 4 · Je distingue les différents sens d'un verbe pp. 67-68 — pc 1 2 3 4 · J'utilise le contexte pour trouver le sens d'une expression au sens figuré pp. 73-75 — pc 1 2 3 4 5 6
n noms — 5 6 · Je comprends le sens d'un mot inconnu pp. 62-63 — pc 1 2 3 4 5 · Je sais utiliser des termes génériques ou spécifiques pp. 69-70 — pc 1 2 3
mment briqués (3) es familles de mots — 2 3 4 · J'utilise avec aisance des synonymes pp. 64-66 — pc 1 2 3 4 5 6 7 · Je comprends comment les mots sont fabriqués (4) pp. 71-72 Les adverbes en *-ment* — pc 1 2 3 4 5 6
Je distingue l'attribut du sujet et le compl. d'objet direct pp. 105-107 — pc 1 2 3 4 · Je conjugue les verbes à l'imparfait et au passé simple pp. 124-126 — pc 1 2 3 4 5 · Je conjugue les verbes à l'imparfait et au plus-que-parfait pp. 127-129 — pc 1 2 3 4 5 6
Je maitr. les déterminants pp. 108-109 — pc 1 2 3 · Je conjugue les verbes au futur pp. 115-117 — pc 1 2 3 4 5 6 7 · Je manipule des phrases simples et phrases complexes pp. 122-123 — pc 1 2 3 4
les CdN — 6 · Je distingue les différents compl. circonstanciels pp. 112-114 — pc 1 2 3 4 5 · Je distingue les compl. du verbe, du nom, de phrase pp. 120-121 — pc 1 2 3 4 · Je révise toutes les classes grammaticales pp. 132-133 — pc 1 2 3 4 5 6 7
Je repère le GS, le GV et les compléments de phrase pp. 110-111 — c 1 2 3 4 5 6 · Je reconnais deux compl. de verbe : les COD et les COI pp. 118-119 — pc 1 2 3 4 5 6 · Je révise toutes les fonctions grammaticales pp. 130-131 — pc 1 2 3 4 5 6
maitrise les finales verbales : problèmes d'accents . 148-149 — 1 2 3 4 5 6 7 8 9 · Je maitrise les dét. et les pronoms qui commencent par s ou c pp. 154-155 — pc 1 2 3 4
Je choisis l'infinitif en *-er*, le participe en *-é* ou l'imparfait en *-ais*, *-ait*, *-aient* pp. 150-151 — pc 1 2 3 · Je maitrise l'accord du participe passé pp. 156-157 — pc 1 2 3 4 5
la fin de certains mots pp. 144-145 — 4 5 6 · Je maitrise les finales verbales : cas particuliers pp. 152-153 — pc 1 2 3 4 5

Je comprends ce qui est « caché » dans un texte

Pour commencer

• **Lis ce texte.**

La nuit était totale. Malo alluma sa puissante torche et le faisceau lumineux perça l'obscurité. Le paysage autour de lui était mystérieux, comme hors du monde.
Il entra avec prudence dans une grotte peuplée de créatures étranges, fantomatiques. Des êtres inconnus, munis de tentacules démesurés ou d'épines menaçantes, flottaient devant ses yeux et semblaient l'observer de leurs yeux globuleux. Soudain, une douleur traversa son mollet droit. Il vit avec horreur une déchirure dans sa combinaison. La panique l'envahit, car cet incident pouvait lui couter la vie. Avait-il frôlé de trop près un rocher tranchant comme un poignard ? Avait-il été attaqué par une de ces créatures monstrueuses ?
Ce n'était pas le moment de trainer. Il augmenta le débit d'oxygène et se dirigea sans tarder, dans le silence absolu, vers *l'Explorator*.

• **Des élèves ont lu le texte et ont expliqué ce qu'ils pensent avoir compris.**

C'est un plongeur qui explore les profondeurs de l'océan. Il découvre des poissons et des mollusques inconnus.
Noé

C'est un explorateur qui visite une planète inconnue. Une créature extraterrestre l'attaque avec ses tentacules.
Zelda

C'est un aventurier dans la forêt vierge, en pleine nuit. Il rencontre des animaux dangereux.
Maxime

C'est un militaire en mission secrète dans un pays ennemi.
Sofiane

Es-tu tout à fait, en partie ou pas du tout d'accord avec eux ?

Pour s'entrainer

Lis le texte, réponds à la (ou aux) question(s), puis indique entre parenthèses les indices qui t'ont permis de répondre.

1 Tonton Zéro s'entraine pour dimanche. Il sait que Ray, de son côté, fait la même chose, alors il ne doit rien négliger : jogging dans le bois derrière la maison, étirements, pompes, tractions, abdominaux, séances de relaxation en inspirant trèèèèèès lentement. Dès qu'il m'aperçoit, il répète : « Crois-moi, mon Rémi, Ray ne pourra plus jamais prétendre que je suis un éternel perdant ! » Moi, je sais que Tonton est sérieux. Le problème, c'est que dimanche, avec la passoire qui lui sert de tête, il pourrait bien oublier sa raquette... R.F.

• *Qu'est-ce que Tonton Zéro prépare ?*

2

Tout était calme dans la classe que dirigeait d'une main de fer monsieur Sevair. Chacun était plongé dans son travail d'écriture. Soudain, alors que le maitre avait le dos tourné, sa silhouette se déforma brusquement. De maigre et élancé qu'il était, monsieur Sevair rapetissa et devint subitement énorme, avec un ventre aussi gros qu'un ballon de baudruche. Sa chemise grise était devenue vert olive, sa tête, ses cheveux, ses mains, tout avait viré au vert. D'ailleurs, toute la classe était aussi devenue vert olive, le tableau, les murs, les copains... Thomas gloussa.

– Thomas ! Range-moi ce double-décimètre, je te prie, avant que je ne me fâche tout rouge ! Et cesse tes bêtises. Prends ton stylobille et applique-toi !

– Oui, maitre, sourit Thomas, en gardant pour lui sa géniale trouvaille. F.J.

• *Quelle est cette trouvaille de Thomas ?*

3

« Hou hou ! Il y a quelqu'un ? S'il vous plait ! Vous m'entendez ? J'appuie sur le bouton rouge comme c'est marqué mais ça ne déclenche rien du tout ! Hou hou ! Ça fait vingt minutes que je suis coincé ! Le bouton d'alarme ne fonctionne pas ! Hé ! Ho ! Je vais étouffer moi ! Au secours ! Le portable ne passe pas dans cette cabine, en plus !
Hou hou ! Il m'arrive toujours des trucs impossibles ! Ho ! Répondez-moi, nom de nom ! Ho ! Il n'y a personne dans cet immeuble ou quoi ? » F.J.

• *Quel est le problème de cette personne ?*

4

Persuadé d'être le premier à avoir repéré la blonde en blouse rouge qui se dirigeait vers son poste de travail, Arthur se propulsa vers la gauche. Il la connaissait, cette blonde. Elle était toujours à la 8. Il était le roi des stratèges. Il allait prendre tout le monde de vitesse. Très rapide et au prix d'un tête-à-queue acrobatique, une ménagère ultramotivée lui bloqua le passage.

– Vous permettez ? Je vais à la 8 ! protesta le jeune homme.

– Moi aussi ! Et je suis devant vous ! répliqua la dame d'un ton guerrier. F.J.

• *Où se passe cette scène ?*

5

– Hé ben ça va, pas trop dure la vie on dirait ! lança Sylvie en franchissant le portillon.
Allongé sur un matelas pneumatique rose fluo qui faisait de légers clapotis, lunettes noires sur le nez, chapeau de paille sur la tête, sirotant un verre de jus de fruit où tintaient des glaçons, Hervé lui fit de grands gestes :

– M'en parle pas ! Super dure au contraire ! Mais je suis courageux, je m'accroche comme tu vois ! F.J.

• *Où se trouve Hervé ? Que penses-tu de sa réponse ?*

Je comprends ce qui est « caché » dans un texte

Lis le texte, réponds à la (ou aux) question(s), puis indique entre parenthèses les indices qui t'ont permis de répondre.

6

– S'il vous plait, Monsieur, vous savez où se trouve la rue Traversière ?
L'homme se retourna. Il était nettement plus âgé que ce que sa silhouette, de dos, ne laissait imaginer.
– Comment ? grimaça-t-il en mettant sa main en cornet.
– La rue Traversière : vous connaissez ? répéta Clément.
– Plait-il ?
– Tra-ver-sière, comme rue, je cherche !
Le papi eut un sourire radieux :
– Ahhh ! Vous cherchez les vestiaires !
Clément fit semblant d'approuver, pressé d'en finir :
– OUI ! Voilà !
– Hé hé, mais lesquels ? Ceux de la piscine ? Du stade de football ? Du club de tennis ? Du collège ? Du lycée ? De la caserne des pompiers ? Il faut être précis, dans la vie, jeune homme !

- *Quel est le problème de ce monsieur ?*

7

« Cher Alain,
Je ne voudrais pas te faire souffrir, mais… je ne veux pas te mentir non plus. Ce n'est pas que je ne t'aime pas… Et pourtant, ce n'est pas vraiment le contraire non plus. Tu n'es pas laid, certes. Pas idiot non plus. Pas plus désagréable qu'un autre, au fond. Surtout ne te décourage pas. Ne sois pas triste. Tout le monde a le droit à l'amour. Alors pourquoi pas toi ? Il n'y a aucune raison pour que la Passion avec un grand P ne débarque pas dans ta vie un beau jour. La seule chose que je souhaite que tu comprennes aujourd'hui, c'est que ce ne sera pas avec moi. »

- *Qui est la personne qui écrit cette lettre ?*

8

– Maman, maman, regarde : il est là-bas, devant Miniprix !
« Ça recommence », songea Mme Huc en tirant la main de Lucas.
– Ah oui, tu as raison, mon chéri…
– Je peux aller lui dire ce que je veux comme cadeaux ?
– Mais… il est occupé là, tu vois : il se fait photographier avec une petite fille.
– T'es pas drôle ! Déjà hier t'as pas voulu… Et son traineau au fait, je le vois pas, il est où ?
– Eh bien, sans doute, quelque part dans un parking… souterrain !
L'enfant soupira, apparemment peu satisfait par l'explication.
– Je lui demanderai demain ! déclara-t-il.

- *De qui parlent Lucas et sa maman ?*

9

Il nageait depuis des jours à contrecourant sans le moindre signe de fatigue apparent. Il avait instinctivement trouvé l'embouchure du fleuve à remonter. Pour l'heure, il n'avait qu'une seule envie : revenir au plus près de sa source, là où il était né, afin de retrouver les trous d'eau paisible où il avait vu le jour. Ils étaient nombreux à tenter le retour, cet incroyable pèlerinage au péril de leur vie. Le voyage à contrecourant n'était pas sans danger. Atteindre la source, c'était une question de survie pour son espèce. Il resta un instant entre deux eaux puis, rassemblant ses dernières forces, il attaqua le franchissement de l'ultime barrage. F.L.

• De qui parle ce texte ?

10

Thierry Desgrieux consulta ses fiches, tapota sur son micro pour s'assurer qu'il fonctionnait, s'éclaircit la voix et lança :

– Donc, Monsieur Quintin, si j'ai bien compris la déclaration que vous avez faite en sortant de l'Élysée ce matin, vous vous apprêtez à procéder à une série de hausses d'impôts ?

M. Quintin eut un geste agacé :

– Pas du tout ! Pas le moins du monde ! Dans votre profession, vous avez la manie de dire des contrevérités. Un certain nombre de mesures sont à l'étude. Une commission va étudier la question. Rien n'est encore décidé.

– Vous attendez l'été, c'est ça ?

– Monsieur Desgrieux, cessez de me provoquer ! F.J.

• Qui sont M. Quintin et M. Desgrieux ?

11

L'électricien n'arrivait pas. Ça faisait une heure que Félix avait appelé Dépann'Express, on lui avait promis une intervention en moins de trente minutes, mais les promesses... pfff !

Félix avait essayé de refaire lui-même l'installation électrique de son appartement, mais ça n'était pas aussi facile que ça : une fois démonté les interrupteurs, une fois emmêlé les fils rouges, bleus, noirs ou marron, une fois ouvert le tableau où se trouvent les disjoncteurs, une fois le compteur grillé, qu'est-ce qu'on fait ?

Eh bien, on fait appel à un professionnel ! C'est ce que Félix avait fait, mais il avait beau guetter la sonnette, pas de dépanneur à l'horizon... La nuit allait bientôt tomber.

Félix descendit les cinq étages pour aller acheter des bougies à l'épicerie du coin.

En ouvrant la porte d'entrée de l'immeuble, il tomba sur un homme en bleu de travail, plutôt énervé, qui appuyait sur sa sonnette comme un forcené.

« Euh... vous êtes de la société Dépann'Express ?

– Oui, ça fait plus de vingt minutes que je suis devant cette porte et le client qui ne répond pas !

Félix était embarrassé :

– Excusez-moi, je suis un peu sourd, je n'ai pas entendu la sonnette...

Je vous montre le chemin. »

• Penses-tu que Félix soit réellement un peu sourd ?

Je comprends ce qui est « caché » dans un texte

Lis le texte, réponds à la (ou aux) question(s), puis indique entre parenthèses les indices qui t'ont permis de répondre.

12

Jack court sur la plage, à perdre haleine. Ses pieds s'enfoncent dans le sable, il manque plusieurs fois de trébucher.
Intrigué, Rémi se ronge les ongles.
La plage est enfin dépassée, mais derrière Jack, la vague, plus haute qu'un immeuble de cinq étages, se rapproche.
Rémi sent l'inquiétude l'envahir un peu plus.
Dans un fracas gigantesque la vague s'écrase sur la plage, puis continue à déferler, engloutissant les premières voitures garées près du front de mer.
Rémi halète, il ne s'attendait vraiment pas à une catastrophe pareille !
Avec la voiture qu'il a réussi à faire démarrer, Jack a parcouru plusieurs centaines de mètres, il commence à prendre de la vitesse. Mais la vague se rapproche malgré tout. Jack sent les embruns tout autour de lui, il écrase l'accélérateur.
Rémi est submergé par l'angoisse. Comment va-t-il s'en sortir ?
Le véhicule franchit les limites de la ville, mais la vague le suit toujours. Jack parcourt des kilomètres, des dizaines de kilomètres, en espérant que la vague finira par s'épuiser. En vain. L'essence commence à baisser lorsque, miracle, la route monte, gravit les Montagnes Rocheuses. Derrière, la vague s'essouffle enfin, elle perd du terrain.
Rémi tourne la dernière page.
Jack, perché au sommet des Rocheuses, contemple l'Amérique noyée sous les eaux. Il sait que le niveau ne baissera pas avant plusieurs heures. Tout en croquant le hamburger qu'il n'avait pas oublié d'emporter, il espère que demain, il pourra rentrer chez lui. R.F.

- *Qui sont Jack et Rémi ?*

13

– Vous avez tous les documents requis ? soupira l'employée d'un air las.
– Eh bien... J'espère ! répondit Suzon.
– Extrait de naissance ! Deux quittances de gaz ou d'électricité datant de moins de trois mois ! Timbre fiscal à 86 euros ! Quatre photos d'identité prises de face sur fond blanc et sans sourire ! martela la préposée.
Suzon plaqua ses photos contre la paroi vitrée :
– Sur les photos... je souris... peut-être un peu, ça ira quand même ?
– Eh non ! Et voilà ! Faudra revenir ! chantonna presque la préposée derrière son guichet. F.L.

- *Où se trouve Suzon ?*
- *Qu'est-elle venue faire ?*

14

Comment annoncer ça à Robert ? Lui qui est si soigneux ! Il l'entend encore lui faire mille recommandations : « Surtout, prends-en bien soin, c'est un instrument que mon grand-père m'a donné il y a plus de trente ans ! Une véritable pièce de collection ! Ne le laisse surtout pas trainer ! »
Rassemblant son courage, Bernard compose le numéro de son ami.
« Allo ? Robert ?... Oui, oui, très bien... Je voulais te dire... Non, non, tout va bien, aucun problème avec le... Oui, j'y fais très attention, tu penses bien ! » Bernard sent son courage le quitter. « À bientôt, Robert... Donne le bonjour à Fabienne ! »
Bernard raccroche en soupirant. Il n'a pas eu la force d'annoncer la vérité à Robert. Il regarde encore une fois le désastre : l'archet brisé en deux, l'étui enfoncé, la trace de pneu sur le bois verni... Il rappellera demain, sans faute !

• Qu'est-il arrivé à Bernard ?

15

Le paysage était paradisiaque, je ne voyais ni le début ni la fin de cette fabuleuse terre qu'il me tardait d'explorer. J'entendis tousser là-haut. Le tonnerre gronda, qui fit trembler le sol. En rampant, j'approchai d'une sorte de rivière qui coulait à flots. Le liquide aux reflets rouge sombre pulsait en saccades régulières. La température était douce, idéale pour les délices de la baignade. Je n'avais pas encore établi de stratégie d'attaque lorsque je les aperçus, apportés par les flots : ils étaient là, armés jusqu'aux dents, prêts à en découdre. Je les connaissais comme s'ils étaient mes frères. La nature avait fait de nous des adversaires à la vie à la mort. Je réfléchis à toute vitesse. Les anticorps de première ligne n'allaient pas tarder à m'encercler. Et l'autre là-haut, qui crachait à s'arracher les poumons ! Il fallait que je tienne jusqu'à l'arrivée des renforts... F.J.

• Qui est le narrateur de cette histoire ?

16

Kamel met la main dans sa poche. Machinalement, il tripatouille son mouchoir. Il sent en son centre une sorte de boule dure, qui l'intrigue. Il le sort pour tirer l'affaire au clair : pas de doute, c'est un nœud. Il ne se souvient pas avoir fait un nœud à son mouchoir... Et le pire dans l'histoire, c'est que Kamel sait bien qu'on fait un nœud à son mouchoir justement pour se souvenir de quelque chose. Non seulement il ne se souvient pas de quoi que ce soit, mais Kamel ne se rappelle même plus avoir fait ce nœud ! Kamel imagine le pire : des milliards de méchants microbes grignotant son cerveau de l'intérieur, ou encore une vilaine bactérie jouant à faire des courts-circuits dans ses neurones...
Mais il est presque l'heure de partir à l'école et il doit encore rappeler à son père de lui donner deux euros pour la visite du zoo, prévue demain.
« Kamel, comme tu es un peu tête en l'air, j'ai enfermé les deux euros dans... »
Kamel ne laisse pas le temps à son papa de finir : il a compris. Il lui saute au cou, et soupire, soulagé : « Merci, Papa, merci infiniment, tu me sauves la vie ! »
Son père le regarde, très étonné de ces marques d'affection pour une simple pièce de deux euros !

• As-tu compris pourquoi Kamel est soulagé ?

Je comprends
ce qui est « caché » dans un texte

Lis le texte, réponds à la (ou aux) question(s), puis indique entre parenthèses les indices qui t'ont permis de répondre.

17

« Ça m'étonnerait fort ! commenta Sarah.
– Complètement impossible ! ajouta Steven.
– Tu n'es qu'un vantard, on ne te croit pas ! conclut Loïc.
– Ah c'est comme ça ? Vous croyez que j'ai tout inventé ?
Eh bien, regardez ! »
Geoffrey posa ses mains au-dessus de la tasse à café, ferma les yeux et se concentra en murmurant des formules bizarres :
« Que les forces de l'étrange me viennent en aide ! Que l'énergie du mystère suprême soulève cette tasse ! »
Geoffrey transpirait à grosses gouttes, ses mains étaient prises de tremblements incontrôlables, comme s'il était plongé dans une transe magique.
Et là, sous les yeux ébahis de ses trois amis, la tasse se souleva de quelques millimètres... Ils échangèrent des regards incrédules, ne sachant plus que penser.
Le père de Geoffrey rompit le charme : il fit irruption dans la chambre, et ouvrant les rideaux, déclara : « Mais qu'est-ce que vous faites dans l'obscurité ? Éteignez cette bougie, vous allez mettre le feu à la maison ! Dis, Geoffrey, tu n'aurais pas vu ma bobine de fil de pêche ? Je la cherche depuis une demi-heure ! »

• *À ton avis, Geoffrey a-t-il réellement des pouvoirs surnaturels ?*

18

Mme Martineau hésitait devant la porte fermée. Les conseils du psychologue tournaient en boucle dans sa tête : « Les adolescents ont besoin que l'on respecte leur intimité... N'entrez jamais sans frapper. » « Oh et puis zut », murmura-t-elle, comme pour s'encourager. Elle entrouvrit la porte, passa juste le bras et brandit le petit écriteau qu'elle avait confectionné :
– Ma chérie, est-ce que par hasard tu accepterais de mettre le son juste un tout petit peu moins fort ? F.L.

• *Qui sont les deux personnages de cette histoire ?*

19

Rien à six heures. Rien à sept heures. Ni à huit, ni à neuf, ni rien de rien jusqu'à midi. Jamais vu un rien aussi total. Le zéro absolu, vous connaissez ? C'est quand non seulement on ne prend rien, mais en plus on n'a emporté ni livre, ni journal, ni rien de rien pour s'occuper. Il y en a qui apprécient : le silence, la solitude, la journée qui s'allume peu à peu avec, de loin en loin, un clapotis ou le cri d'un canard. Moi, ça me donne juste l'impression de gaspiller mon dimanche matin. Quand mon asticot aura fini sa baignade, je rangerai mon matériel et je rentrerai. Bredouille. R.F.

• *De quel matériel s'agit-il ?*

20

– Ça vous dit, des saucisses aux lentilles pour le diner ?
Papa lâcha un instant son article dans le journal et écarquilla les yeux :
– Des lentilles ? J'en ai déjà.
Maman sourit :
– Cette blague ! Mes lentilles seront bien moins élastiques que les tiennes mon chéri, et autrement plus gouteuses !...
Julie regarda alternativement sa maman et son papa.
– Mais qu'est-ce que vous racontez ?
Papa posa un regard attendri sur sa fille, puis ouvrit grand les yeux, cligna de l'œil droit, puis de l'œil gauche, comme pour lui signifier quelque chose :
– Les lentilles... dit-il enfin.
Le visage de Julie devint lumineux. Elle plissa les yeux et sourit :
– Ça y est ! Je vois !

• Qu'est-ce que Julie vient de « voir » ?

Pour aller plus loin

L'auteur de cette lettre l'a écrite avec une intention cachée. Laquelle ? Explique-la en quelques lignes.

Très cher ami,
Nous avons été très heureux de vous recevoir le weekend dernier dans notre manoir.
C'était un plaisir de voir à quel point vous avez apprécié notre demeure, sa décoration, ses objets précieux.
Vous avez particulièrement aimé, semble-t-il, nos couverts en argent massif. C'est sans doute la raison pour laquelle vous les avez empruntés afin, je suppose, de les faire admirer à votre épouse.

Depuis votre départ, un évènement bien désagréable est arrivé : notre femme de chambre, qui est à notre service depuis plus de vingt ans, nous a signalé la disparition d'un tableau d'une grande valeur dans la chambre que vous occupiez.
C'est certainement elle qui est coupable...
Nous n'aurions jamais imaginé qu'elle puisse se montrer aussi malhonnête. Nous allons sans doute devoir la renvoyer, et porter plainte contre elle...

Enfin, j'ai une autre pénible nouvelle à vous annoncer :
mon épouse a égaré sa magnifique bague d'émeraude. Vous avez dû la remarquer, car c'est celle qu'elle portait le soir où nous vous avons accueilli chez nous.
Oh, ces bagues, ça a tendance à glisser du doigt et à tomber n'importe où... Je pense qu'avec un peu de chance elle finira par réapparaitre.

Dimanche soir, vous nous avez quittés précipitamment, comme un voleur, allais-je écrire. Quel dommage, nous n'avons pas eu le temps de vous dire à quel point nous avions eu plaisir à vous accueillir.

Très cher ami, c'est sur ces mots que je termine cette lettre. N'hésitez pas à revenir quand vous voulez.
Nous attendons votre prochaine visite avec impatience.

Baron Jules de Mortefouille

Je fais attention à **la logique des textes**

Pour commencer

- **En lisant ce texte, des élèves y ont trouvé des erreurs de logique : observe leur travail.**

Dans la rue déserte, un bout de chou, pas plus haut que trois pommes, marche seul sur le trottoir. Que fait-il là, tout seul, à l'aube, en ce dimanche d'octobre ?
Il serre dans sa main gauche un petit portemonnaie. Comme un grand, il attend prudemment que toutes les voitures soient arrêtées au feu rouge pour traverser.
Le voilà qui entre dans la boucherie :
– Bonjour, Madame, trois croissants s'il vous plait !
– Bonjour, petite, c'est bien de s'occuper du petit déjeuner le jour de la fête des mères ! Ta maman va être surprise !
Fièrement, Annabelle range la monnaie dans le portefeuille et retourne chez elle sans perdre de temps. Mission accomplie !

Pourquoi les élèves ont-ils entouré certains mots en vert ou en rouge ?

- **Trouve les autres erreurs de logique que les élèves n'ont pas repérées.**

Pour s'entrainer

sur ton cahier
n°1 p. 16
Plus rien ne bouge dans la voiture → dans la maison

- **Lis le texte et relève les erreurs de logique.**
- **Ensuite, modifie le texte pour qu'il soit cohérent.**

1

La nuit est tombée depuis longtemps. Plus rien ne bouge dans la voiture.
On entend, provenant de l'étage, les ronflements de papa.
Julien s'avance à pas de lion dans le salon, saisit la télécommande et allume le grille-pain. Les finales de golf ont déjà commencé.
Alain Bernard, bonnet blanc, est passé en seconde position à mi-parcours, mais, de son crawl puissant, il revient sur Eamon Sullivan dans la deuxième longueur de bassin pour toucher devant.
Le commentateur exulte : « Alain Bernard, champion olympique du 100 m nage libre ! C'est la première médaille d'or féminine depuis 1952 ! » À cet instant, un craquement retentit derrière Julien.
C'est papa, qui, au lieu de le gronder, affiche un visage tout ému.
« Tu as raison. Pour vivre un moment pareil, on peut bien se laver à quatre heures du matin ! »

2

Éblouie par la lumière des phares, Fanny se retrouva sur scène sans l'avoir vraiment voulu : au moment où le magicien demandait un volontaire, elle était en train de se gratter le genou : il l'avait vue le bras levé et ne lui laissa pas le choix : « On applaudit bien fort Mademoiselle, pour la décourager ! » L'illusionniste l'installa dans une sorte de cabine étroite, puis mit en route une immense scie circulaire. Le public retenait son souffle. On voyait les pieds et la tête de Fanny dépasser de chaque côté. La scie fit un bruit épouvantable et, en un instant, Fanny sembla coupée en deux ! Elle-même ne comprenait pas comment c'était possible. Elle faillit s'évanouir en découvrant ses pieds gigoter à quelques mètres d'elle ! Une fois le tour fini, elle ne put s'empêcher de palper ses poignets pour s'assurer qu'ils n'avaient pas été découpés puis recollés sans qu'elle s'en aperçoive.

3

Ma grand-mère est tellement muette qu'elle n'entend pas le téléphone. C'est un problème, surtout quand j'ai un truc important à lui dire. Je pourrais lui rendre visite, et tout lui raconter de vive voix, seulement voilà, elle habite à cinquante-cinq kilogrammes de chez moi. Ça aussi, c'est un problème. Parce que moi, j'ai tout juste neuf ans, donc je n'ai pas le permis de construire, et puis à vélo ça fait quand même loin. En plus de ça, il n'y a qu'un seul kayak par jour pour aller jusqu'à son village. Bref, la seule solution que j'ai trouvée, c'est de ne jamais rien avoir à lui dire d'important. R.F.

4

Entre Marseille et Cassis s'élève un massif montagneux que l'on nomme « Les calanques ». De grandes criques s'ouvrent, bordées de hautes falaises blanches qui se jettent dans la mer du Nord. L'ensemble rappelle un peu les paysages de Grèce. Dans l'une de ces calanques, à trente mètres de profondeur, le plongeur Henri Cosquer a découvert l'entrée d'une forêt. Après avoir suivi un étroit passage sur soixante mètres, il a débouché dans une salle aux murs ornés de peintures rupestres. Cet endroit, décoré par des hommes préhistoriques, a pris aujourd'hui le nom de grotte Cosquer. R.F.

5

Une clameur s'éleva des tribunes du stade : les douze joueuses de l'équipe de France venaient d'entrer sur le terrain, dans leur magnifique maillot vert. Elles prirent la pose pour les photographes sur la ligne centrale et attendirent que l'arbitre siffle la fin du match. Malheureusement, dès la quatrième minute, les Brésiliennes ouvrirent le score. À la mi-temps, l'entraineur remotiva l'équipe dans les vestiaires : « Allons, tout n'est pas perdu, il est encore temps d'égaliser, et même de gagner ! On ne peut pas laisser filer la coupe d'Europe sans réagir ! » La seconde mi-temps fut un festival de paniers, la gardienne brésilienne ne parvenait plus à contrer les attaquantes bicolores. La victoire était en route !

Je fais attention à **la logique des textes**

- **Lis le texte et relève les erreurs de logique.**
- **Ensuite, modifie le texte pour qu'il soit cohérent.**

6

Les deux mains dans les poches, Yanis se balade en sifflotant dans la montagne. Il s'appuie sur son bâton taillé dans une branche de framboisier. Le paysage est magnifique et le soleil est sur le point de se lever. Arrivé au sommet, Yanis s'arrête, s'assoit sur un coussin et sort de son sac un sandwich et une bouteille d'eau. Après avoir repris des forces, il choisit un emplacement confortable pour monter sa tente et s'installer pour la nuit. Peu à peu, le silence gagne la ville et Yanis s'endort, bercé par le murmure des vagues.

Pour aller plus loin

- **Lis ce texte attentivement.**
  Attention, il comporte des erreurs de logique.

Incrédule, Guy lisait et relisait le courrier envoyé par sa boulangère :

BANQUE DU NORD-EST

Rue de l'Aquarium
88140 Les Thons

Monsieur Guy Cascella
26 rue des Pêchers
88120 Saint-Dicat

Votre compte laisse apparaitre un débit de 14 352,59 €.
Vous avez dépassé votre découvert sans autorisation.
Veuillez rétablir la situation au plus vite, sous peine de poursuites.

Jean-Marc Halammson, conseiller bancaire.

Plus de quatorze-mille euros ! Il devait y avoir une erreur... Et si on lui avait volé € sa carte bancaire ? À cette idée, des gouttes de pluie froide dégoulinèrent de ses tempes. Il se mit à fouiller son porteclé et en sortit, soulagé, le précieux petit rectangle de caoutchouc. En rangeant sa carte, une autre idée angoissante lui traversa l'esprit. « On m'a volé mes identifiants sur Internet, voilà l'explication ! » Il alluma fébrilement son téléviseur et se connecta sur le site de sa banque. C'était à n'y rien comprendre : tout était normal, il avait exactement 654,63 € sur son compte ! Soudain, Guy se frappa le front : il avait compris. « Que je suis bête, on est le 1er mars ! Ah, je suis sûr que c'est Laurent qui m'a fait cette farce, il m'a bien eu ! »

- **Rétablis la logique du texte.**
- **Puis fais la liste des indices qui permettent de comprendre qu'il s'agit d'une farce.**

Je comprends **la chronologie d'un récit**

Pour commencer

- **Lis ce texte.**

Cela fait presque une heure qu'Alice attend, devant le tapis roulant à bagages. Tous les autres passagers ont récupéré leurs valises, seul le sac d'Alice n'est pas apparu. Il y a quelque chose d'anormal. Décidément, ce voyage est plein d'imprévus : déjà, tout à l'heure, elle a failli ne pas descendre de l'avion ! Comment a-t-elle pu s'endormir juste au moment de l'atterrissage ? Dans un demi-sommeil, elle a entendu l'hôtesse s'adresser aux passagers pour Porto Alegre : "*Passageiros para Porto Alegre*", ou quelque chose comme ça... Elle ne parle pas un mot de portugais, mais elle est sure d'avoir compris "Porto Alegre", et c'est bien là sa destination, la ville brésilienne où elle va faire un stage de six mois. Elle a eu juste le temps de quitter l'avion avant qu'il ne redécolle pour une autre ville. Le tapis roulant s'arrête : c'est sûr, maintenant, plus aucun bagage n'apparaitra. Alice se décide à aller au comptoir des "*Reclamações de Bagagem*". L'employée vérifie son billet et, avec un sourire, lui fait comprendre qu'elle n'est pas à Porto Alegre comme elle le pense, mais à... Florianópolis : elle est descendue trop tôt de l'avion ! Pas étonnant qu'elle n'ait pas récupéré ses bagages ! Alice comprend ce qui s'est passé : l'hôtesse, tout à l'heure, a demandé aux passagers pour Porto Alegre de ne pas descendre de l'avion ! Heureusement, tout s'arrange : la compagnie aérienne lui permet d'embarquer dans le vol suivant. Elle arrivera donc à Porto Alegre avec quelques heures de retard... et avec un souvenir original de son arrivée au Brésil !

Des élèves ont commencé à résumer ce texte :

Alice attend devant le tapis roulant.
Elle s'endort au moment de l'atterrissage.
L'hôtesse annonce l'atterrissage.
Alice descend de l'avion.

- **Continue ce résumé, puis numérote les évènements dans l'ordre où ils se sont passés en réalité.**

Je comprends
la chronologie d'un récit

Pour s'entrainer

- **Lis le texte. Fais la liste résumée des principaux évènements qui le composent.**
- **Puis remets cette liste dans l'ordre chronologique.**

1

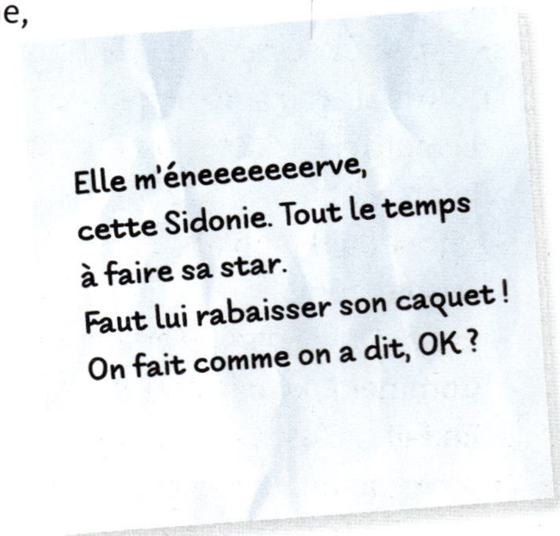

Sidonie relisait le petit bout de papier pour la dixième, la vingtième fois. Son cœur cognait, ses mains tremblaient, toujours aussi violemment.
Pas de doute : c'est d'ELLE qu'il s'agissait.
Il n'y avait qu'une Sidonie dans la classe.
Si elle avait pu se douter qu'en ouvrant le livre de maths de Marine au lieu du sien, elle tomberait sur ce petit mot, comme une flèche empoisonnée.
Quelqu'un qui ne l'aimait pas avait écrit ça.
Le texte n'était pas signé.
L'écriture... ça pouvait être Violette. Avant-hier, à la cantine, Violette s'était assise à une autre table.
Mais cette écriture... ressemblait aussi un peu à celle de Fatia. Fatia que Sidonie avait bien vue ricaner dans son dos, avec Ugo, hier, pendant la récré.
À moins que le mot ne soit d'Ugo ? Il en voulait à Sidonie parce qu'elle avait refusé de le laisser copier sur elle, la semaine dernière...
Oh ! et puis zut, après tout ! Sidonie froissa le mot et se plongea dans ses maths, bien décidée à se venger en décrochant une fois encore la meilleure note... F.L.

2

« Chéri, ce clou... Tu me le plantes quand ? Tu sais, pour le cadre photo... »
Un clou. Un misérable clou ! Deux minutes et ce clou serait planté... Du moins c'est ce que Chéri pensait...
Bien calé dans son lit d'hôpital, la jambe plâtrée, Chéri se refit mentalement le récit des évènements malheureux qui l'avaient conduit là. D'abord, il avait cherché le marteau partout dans l'atelier. Comme il ne le trouvait pas, il se souvint qu'il l'avait laissé tout en haut d'une poutre dans le garage en construction. Il était allé au garage. L'échelle était encore en place. Il était monté à l'échelle en pantoufles.
Son pied avait glissé sur le barreau. Et puis le noir complet. Même la sirène de l'ambulance ne l'avait pas réveillé.
« Et alors, ce clou, tu l'as planté, finalement ? demanda-t-il en serrant les dents à cause de la douleur.
– Tu parles ! Facile ! Le marteau était au pied de l'échelle. J'en ai eu pour trente secondes. C'est pas comme toi, mon pauvre Chéri ! Toi, tu en as au moins pour un mois... » F.L.

3

Gérard Champlan soupira d'aise. Après une rude journée de travail, le patron savourait d'avance la soirée qu'il allait s'accorder : plateau-repas et visionnage (en différé, hélas !) de la finale Orléans/Calais sur le site basket-en-folie.com... finale his-to-ri-que à laquelle il n'avait pu assister l'après-midi !
Kartano (le n° 3) était sur le point de marquer lorsque Gérard Champlan blêmit : là, dans le coin droit de l'écran, il lui semblait reconnaitre... Alfred Lemercier, son commercial en charge de la région Bretagne. Champlan mit l'image sur « pause », recula, zooma. Lemercier ! Aucun doute, c'était bien lui ! Que faisait-il à deux heures de l'après-midi dans la tribune, alors qu'il était censé animer une réunion à Rennes ?
Le patron saisit son téléphone : Lemercier allait l'entendre sans attendre !
– Lemercier ? Ici Gérard Champlan ! Alors : ça bien passé, cette réunion à Rennes ?
Au bout du fil : un instant de flottement... suivi de quelques toussotements.
– Euh... On va dire... Tout à fait... Je pense...
– Comment ça, « je pense » ?
– En fait... C'est Gomez qui a assuré la réunion parce que moi... J'ai eu un souci... mon... ma voiture est tombée en panne...
– Aaahh ! Elle ne serait pas tombée en panne à Orléans par hasard ? Vous viendrez me voir demain matin dans mon bureau ! F.J.

4

« In-cro-ya-ble ! » ruminait Mme Galuchon en se dirigeant d'un pas nerveux vers la boulangerie. Pour être complet, il était complet, leur « pain complet » : il y avait même un boulon dedans ! Un boulon ! M. Galuchon avait failli y laisser une molaire ! Pas plus tard qu'hier soir ! Elle n'allait pas se gêner pour leur mettre sous le nez, leur « pain complet au boulon » !
Au coin de la rue, Mme Galuchon marqua un temps d'arrêt et mit sa main en visière. Le volet roulant de la boulangerie était baissé : bizarre...
En approchant, elle reconnut le boulanger qui discutait devant sa porte avec un homme en salopette. L'un et l'autre faisaient de grands gestes :
« Mais je ne PEUX pas vous le fournir ! martelait l'homme, je vous dis qu'on est en rupture de stock !
Le boulanger se prit la tête entre les mains :
– Vous vous rendez compte ? À cause d'un boulon manquant, mon four est bloqué, je ne peux plus travailler ! »
Mme Galuchon retourna deux ou trois fois le boulon dans sa poche puis s'avança en le présentant entre ses doigts, tel un joyau :
« Ce n'est pas ÇA qui vous manque, par hasard ?
Le visage du boulanger s'illumina :
– Mme Galuchon : je vous embrasse ! »
Dans la joie qui s'ensuivit, la cliente renonça à préciser... où elle avait trouvé le boulon en question. F.J.

Je comprends **la chronologie d'un récit**

- **Lis le texte. Fais la liste résumée des principaux évènements qui le composent.**
- **Puis remets cette liste dans l'ordre chronologique.**

5

Dès le départ, j'ai eu la désagréable sensation d'avoir oublié quelque chose. Pourtant, j'avais bien fermé à clé la porte de l'appartement, puis descendu les poubelles, dit bonjour à la voisine. J'ai sorti mon billet, je l'ai examiné. Je l'avais bien composté avant de monter dans le train. Alors pourquoi cette sensation ? Lorsque le contrôleur est passé, il m'a regardé d'un air hilare. Décidément, il valait mieux que je pique un petit somme. Après ma sieste, je me suis levé pour aller aux toilettes. C'était encore plus désagréable de traverser le wagon : tous les passagers me regardaient en pouffant de rire. Peut-être que je m'étais taché en déjeunant ? À vrai dire, il m'était déjà arrivé, distrait comme je suis, de garder ma serviette autour du cou pendant toute une matinée d'école, sans comprendre pourquoi les camarades gloussaient de rire en me regardant. Aux toilettes, je me suis observé dans la glace. De tache, je n'en ai point vu, mais des rayures... Des rayures partout ! Celles de mon pyjama... R.F.

Pour aller plus loin

- **Reconstitue ce texte dont les phrases ont été mélangées.**
- **Fais un résumé des évènements principaux puis classe-les dans l'ordre chronologique.**

Ce matin-là, il faisait très froid et il avait beaucoup neigé pendant la nuit.

Au moment d'ouvrir sa voiture, Delphine fit une grimace : la clé refusait d'entrer dans la serrure, sans doute coincée par le gel.

Au moment où le dépanneur arrivait, une jeune femme sortit de la maison d'à côté et se dirigea vers Delphine.

La jeune femme, très étonnée, la remercia d'avoir nettoyé les vitres de sa voiture, ouvrit la serrure sans difficulté et démarra.

Delphine retourna voir son amie qui lui prêta une balayette, afin de débarrasser les vitres de sa voiture de la neige et du givre accumulés.

Delphine et son amie ne se décidèrent à appeler un dépanneur qu'après avoir essayé pendant plus d'une heure de dégivrer la serrure.

Delphine fit la bise à Perrine sur le pas de la porte en la remerciant pour son hospitalité.

Sa clé toujours dans la main, elle regarda la voisine s'éloigner, avant de s'apercevoir... que sa voiture était garée de l'autre côté de la rue !

Delphine et Perrine, son amie parisienne, avaient passé un excellent weekend, mais en ce lundi matin, Delphine devait rentrer chez elle en province.

Je comprends **les sentiments et les intentions des personnages**

Pour commencer

Chaque expression doit servir deux fois !

Complète les phrases ci-dessous avec les expressions qui te sont proposées.

Juliette arriva au quatrième étage exactement au moment où les portes de l'ascenseur s'ouvraient. [1], elle était hors d'haleine, mais elle put dire à Ludivine qui sortait de la cabine : « Tu vois, j'ai gagné mon pari ! »

Au moment d'entrer dans sa voiture, Samuel s'immobilisa et [2] : un chimpanzé faisait la sieste sur la banquette arrière !

Lison [5] et [6] : elle regarda, désolée, la statuette se fracasser sur le carrelage.

Le repas n'en finissait pas. Monique écoutait d'une oreille distraite son collègue raconter des histoires stupides et des anecdotes sans intérêt. Elle [3] et [4].

Le shérif n'avait pas l'air de plaisanter : Jane jeta son arme à terre et [7].

Patrick ferma l'écran de son ordinateur, [8] pour s'étirer et se frotta la nuque raidie par les longues heures de travail.

Le bébé [9]. Son papa le prit dans les bras en lui disant : « Allez mon lapin, tu n'en peux plus, c'est l'heure d'aller au lit ! »

Ça faisait cinq minutes que Perrine attendait Joachim devant le cinéma. Elle commençait à penser qu'il ne viendrait plus quand elle le vit déboucher du coin de la rue. Qu'il était beau, dans son blouson de cuir ! Quand il s'approcha d'elle en s'excusant pour le retard, [10].

- bâilla à s'en décrocher la mâchoire
- mit la main devant la bouche
- son cœur battait à tout rompre
- ouvrit des yeux tout ronds
- leva les bras en l'air

Explique la signification particulière de ces expressions dans les différentes phrases.

Je comprends **les sentiments et les intentions des personnages**

Pour s'entrainer

Lis le texte, puis relève tout ce qui permet de mieux comprendre ce que ressentent les personnages.

sur ton cahier
n°1 p. 24
« Tiloann ferme la bouche » : il a peur d'avoir mal.

1

Tiloann ferme la bouche, obstinément. Il serre les dents à s'en faire éclater l'émail. Surtout, il évite de croiser le regard du monsieur penché au-dessus de lui avec ses instruments de torture.
– Dis, mon garçon, on ne va pas y passer toute la journée. Laisse-moi m'occuper de ta dent !
De mauvaise grâce, Tiloann entrouvre les lèvres en espérant que le monsieur va se décourager. Mais celui-ci pousse un soupir et engouffre ses doigts pour écarter la mâchoire.
– Si tu n'ouvres pas plus la bouche, mon garçon, je vais être obligé de te l'élargir !
Le monsieur fronce des sourcils.
Du coup, Tiloann n'ose plus refermer la bouche. Il respire le plus calmement qu'il peut. Tente d'oublier le bruit de la roulette.
Au bout d'une éternité, le monsieur retire enfin ses doigts, ses instruments, ses cotons. Le cœur de Tiloann se calme, il respire plus librement. Il voit déjà le livre de maman (maman lui achète toujours un livre après le dentiste). Il esquisse un mouvement pour se lever. Mais une main le maintient fermement assis.
– Minute, bonhomme ! Il faut traiter la deuxième carie, maintenant !
Tiloann se laisse retomber sur le fauteuil, anéanti. L'image du livre s'éloigne dans sa tête, jusqu'à devenir un rectangle blanc tout petit, tout petit... R.F.

2

– Combien, la sirène ?
M. Melon s'était arrêté devant le bric-à-brac d'un brocanteur, posé à même le trottoir.
Le commerçant évalua le client – pauvre allure, triste mine – et lâcha :
– Cinquante !
Mme Melon, qui marchait quelques mètres devant son mari, revint sur ses pas et le tira par la manche en martelant :
– Laisse ! On s'en va ! Tu ne vas pas acheter cette horreur !
Je n'en donnerais même pas dix euros !
– Trente... Non... Allez, pour vous : vingt-cinq ! soupira le marchand.
Dès qu'ils furent hors de vue, M. Melon, la sirène empaquetée dans du papier journal sous le bras, embrassa tendrement sa moitié :
– Simone, tu as été par-fai-te ! F.J.

3

Quand je suis rentré dans le hall des Journées du Livre, dimanche après-midi, j'ai tout de suite repéré le stand de Christian Rivage. Je me suis arrêté. C'était comme dans un rêve : l'auteur qui m'avait fait aimer la lecture, celui dont je lisais et relisais tous les livres, se trouvait à quelques mètres de moi. Il ne tenait qu'à moi d'avancer vers lui et de lui tendre son dernier roman pour qu'il écrive un petit mot à l'intérieur, rien que pour moi !

Une tape sur l'épaule m'a ramené sur terre : je bouchais le passage.

– Pardon, Messieurs-dames, j'ai bredouillé en me remettant en marche.

Le problème, c'est qu'une foule compacte attendait déjà...

J'ai pris mon mal en patience et je me suis mis à la file. Le rêve se poursuivait : bientôt, je me trouverais en face de lui, juste en face !

Mon chewing-gum n'avait plus de gout depuis longtemps, pourtant je le mâchais de plus en plus vite, de plus en plus fort. Mon tour allait enfin arriver quand un haut parleur a lancé :

– Messieurs-dames, le salon va fermer ses portes. Nous vous remercions, etc.

J'en ai avalé mon chewing-gum.

Tandis que l'écrivain terminait la dédicace pour la personne qui me précédait, un organisateur est arrivé :

– Monsieur Rivage, vous allez rater votre train !

Christian Rivage s'est levé et il a suivi l'homme.

J'ai regardé s'éloigner mon idole. Je l'ai regardé le plus intensément possible, en dirigeant toute ma concentration sur l'arrière de son crâne. Avant de passer la porte, Christian Rivage s'est arrêté. J'ai retenu ma respiration. L'écrivain s'est baissé, il a rattaché son lacet et il a disparu. R.F.

4

Étienne ne la reconnut pas d'emblée. Dans la foule du grand magasin, il crut d'abord à une vision. Celle d'une femme qui ressemblerait à Dorothée. Avec dix ans de plus. Au détour d'un pilier, il croisa son propre reflet dans un miroir et ses idées se remirent en place. C'était Dorothée. Avec dix ans de plus. Comme lui.

Des souvenirs amers lui revinrent. Leur dernier rendez-vous où elle n'était pas venue. L'explication qu'il avait attendue en vain. Une bouffée de chaleur l'envahit.

Il se dirigea vers le rayon où Dorothée regardait des écharpes. Il allait lui parler. Elle allait voir ce qu'elle allait voir. Voir quoi ? Il avait fini par l'oublier...

À quoi bon revenir sur le passé ? Chahuté par ses émotions, le jeune homme ralentit, hésita, puis fit demi-tour.

– Étienne ! Ça alors ! cria une voix dans son dos.

Son cœur ralentit. Il pressa le pas. Si elle le rattrapait, le regardait, le touchait, il ne répondrait plus de rien.

Une main se posa sur son épaule.

– Tu ne me reconnais pas ?

Étienne s'affaissa, évanoui. F.J.

Je comprends **les sentiments et les intentions des personnages**

Lis le texte, puis relève tout ce qui permet de mieux comprendre ce que ressentent les personnages.

5

– Ouah, il est joli ton sac à fleurs ! Où tu l'as acheté ? s'écria Sonia quand elle aperçut Dorine dans la cour du collège.

– Chez Fol... euh... keuf... keuf...

Dorine fit semblant de tousser. Cette Sonia l'énervait, toujours à la copier. Pourquoi lui livrer encore une bonne adresse ? Dorine s'apprêtait à prétendre que c'était un cadeau, acheté à l'étranger, par... quand Sonia lui coupa l'herbe sous le pied :

– Chez « Folie Douce », c'est ça ?

Dorine rougit. Plus moyen de mentir !

– Mais... y en a plus, j'ai acheté le dernier ! s'empressa-t-elle d'ajouter.

– Oh, quel dommage, minauda Sonia, en se promettant de faire le détour par la boutique « Folie Douce », le soir même, en sortant du collège... F.J.

Pour aller plus loin

- **Lis ce texte. Puis réponds aux questions.**

La famille Téloche dine au salon. Chacun y a emporté son plateau repas. Le documentaire est intéressant. Le commentateur débite son texte d'une voix monocorde :

« En Afrique, les écoliers sont très nombreux dans une même classe. Ils étudient à même le sol et écrivent directement dans le sable qui leur sert de cahier... »

– La vache ! Je n'aimerais pas écrire dans le sable, moi, dit Martin en dessinant des routes dans sa purée.

– Tu parles ! Être assis par terre pendant la classe, ça ne doit pas être terriblement confortable, dit Jeanne assise en tailleur au sol sur le tapis, le plateau sur ses genoux et l'œil rivé au petit écran.

– Bah ! C'est une autre culture je pense, dit la grande Joséphine en secouant ses tresses de rasta.

– C'est vrai ça, renchérit le père. Mais je crois que tous les humains se ressemblent, malgré les apparences.

– Oui, papa a raison. Et je crois bien qu'en Afrique, ce sont les enfants qui sont chargés d'aller chercher l'eau au puits et de faire la vaisselle après chaque repas ! ajoute la mère, mine de rien. F.L.

- **Qu'y a-t-il d'amusant dans les réflexions des trois enfants ?**
- **Quelle idée maman a-t-elle derrière la tête quand elle prend la parole ?**

Je repère **les différentes désignations des personnages**

Pour commencer

- **Lis le texte suivant, puis prépare et joue la scène avec tes camarades.**

Tout était calme dans le vaisseau spatial quand, soudain, un petit robot à l'air délabré sembla s'éveiller. Il fit clignoter une lumière rouge au-dessus de sa tête avant d'alerter l'équipage d'une voix métallique :
« Alerte ! Astéroïde droit devant ! Déclenchez la procédure d'évitement ! »
Aussitôt, John Kaufman distribua les ordres :
– Katie, prenez le contrôle manuel ! Il est trop tard pour programmer la trajectoire.
– À vos ordres, commandant !
La jeune femme s'installa aussitôt au poste de pilotage.
– Steven, bon sang ! Réveillez-vous, mon vieux, ce n'est pas le moment de dormir !
Le lieutenant-chef s'étira comme un chat et lança un regard de défi au responsable de la mission. Il n'appréciait pas du tout qu'une autre que lui ait obtenu le rôle principal dans la manœuvre.
– Je pensais que Mlle Rasmussen était assez experte pour...
– Ne faites pas le malin, l'interrompit Kaufman. Vous savez bien qu'en cas d'urgence la sécurité est doublée ! Je vous ordonne de rejoindre votre poste !
De mauvaise grâce, il alla s'assoir à la gauche de sa collègue.
Celle-ci, pour détendre l'atmosphère, se tourna vers XZ-42 et lui lança :
– Bravo, vieux tas de ferraille, tu as encore de bons réflexes !
– Merci pour le compliment, répondit l'androïde. Mais une demoiselle comme vous devrait apprendre la politesse !
Chacun se concentra sur sa tâche. La moindre erreur pouvait signifier la fin de la mission...

- **En utilisant les couleurs proposées, continue à surligner les différentes manières de désigner chaque personnage, puis indique s'il s'agit d'un nom propre (NP), d'un groupe nominal (GN) ou d'un pronom (Pr.).**

Je repère **les différentes désignations des personnages**

Pour s'entrainer

Avec ton groupe, prépare une lecture à haute voix de ces dialogues.

Pour chaque personnage, fais la liste de ses différentes désignations, en précisant s'il s'agit d'un nom propre (NP), d'un groupe nominal (GN) ou d'un pronom (Pr.).

1

– Comme il est mignon, c'est le portrait de mon pauvre frère Léon mort de la tuberculose à l'âge de 8 ans ! déclara la tante Ursula en se penchant sur le berceau.
– Ah... oui ? bredouilla Nathalie.
D'instinct, elle prit son bébé dans ses bras comme pour le protéger d'une maléfique contagion.
– T'inquiète, lui glissa son père dans le creux de l'oreille pendant que l'octogénaire avait le dos tourné, dès qu'il y a une naissance dans la famille, elle nous ressert son frère !
– En tout cas, intervint l'oncle Guignolet, il a le nez Guignolet, cet enfant !
– Han ! laissa échapper la jeune maman comme si elle venait de recevoir un coup de poing à l'estomac.
Le nez du sommelier à la retraite était aussi écarlate que bourgeonnant...
– Il boit bien, tout se passe bien ? s'enquit le nouveau grand-père, espérant faire diversion.
– Tu lui donnes le sein, au moins ? asséna la vieille demoiselle.
– À la tienne, petit gars ! plaisanta le tonton.
– Ouin, ouin, ouin... brailla le nouveau-né comme pour imposer le silence à l'encombrante compagnie. F.J.

2

– Vous avez choisi ? s'enquit le serveur en s'approchant de la tablée.
– Oui, oui ! affirma Mme Camus.
– Non, pas encore ! démentit son mari d'un ton de reproche.
– Moi veux des frites ! brailla Arthur, juché sur une chaise haute.
– Toi tu te tais, les grands d'abord ! martela Sidonie.
Le bambin lança des éclairs à sa grande sœur de 7 ans.
– J'ai pas faim, de toute façon je voulais aller au chinois ! soupira Clémence, l'air dégouté.
– Ah tu ne commences pas à faire ton adolescente en crise, hein ! réagit son père d'un air excédé.

L'ainée se mit à bouder, tandis que le petit dernier braillait : « Des frites ! des frites ! » en faisant un pied de nez au client assis à la table voisine.
Le garçon recula :
– Bon, je vous laisser réfléchir... Je reviens...
– Nooon ! implora la mère de famille, on est pressés ! F.J.

3

– Prenez une feuille ! La date ! Votre nom ! Interrogation surprise ! annonça Mme Latuile en grimpant sur l'estrade ce matin-là.
– Au secours, elle est en pleine forme ! chuchota Clara, au 2ᵉ rang et à l'oreille de sa voisine.
– Vous avez un commentaire à faire, Mlle Forest ? s'enquit la professeure d'histoire-géographie, les sourcils en accents circonflexes.
L'élève baissa son nez retroussé :
– Non, non…
– Mais hééé… on n'a pas été prévenus qu'y aurait une interro surprise ! protesta Ugo.
L'enseignante croisa les bras :
– Quelle est la principale caractéristique d'une interrogation SURPRISE ? Qui peut éclaircir les idées de votre camarade ?
– La principale caractéristique d'une interrogation surprise est d'avoir lieu par surprise, c'est-à-dire sans que nous en soyons avertis !
Mme Latuile couva la première de la classe d'un regard attendri :
– Excellente réponse, Blandine !
– Hou la chouchoute ! marmonna l'insolente du 2ᵉ rang.
Observation qui – par chance ? – n'atteignit pas les tympans de leur professeure. R.F.

Pour aller plus loin

Attention aux bizarreries que l'auteur a malicieusement placées…

Dans ce texte, recherche les différentes désignations des deux personnages.

Bal masqué

– Alors, comment tu me trouves ? Suis-je suis belle ? demanda Jean.
– Tu es magnifique, en petite sirène. Et moi, comment me trouves-tu ? interrogea Élodie.
– Tu es le plus beau des pirates de tous les temps !
– Bon, tu es prête ? On peut peut-être y aller maintenant ? demanda-t-elle.
– Attends ! Je me mets un peu de rose sur les lèvres, répondit-il.
– Ce que tu es longue ! rétorqua Élodie d'un air moqueur.
– Ça y est. Je suis prête. Si tu es prêt toi aussi, on y va, entonna Jean.
– Mince ! J'ai oublié de coller ma grosse moustache, s'exclama Élodie.
– Ce que tu es long ! reprit Jean, moqueur.

J'adapte **ma lecture au fil du texte**

Pour commencer

- **Lis ce texte en essayant de deviner les mots cachés.**
- **Compare ton travail à celui de tes camarades.**

Zelda fit claquer ses sabots contre le sol et remua sa crinière. À la recherche d'un peu de fraicheur, elle galopa jusqu'à la rivière pour s'y désaltérer.
C'est cet instant précis qu'une ________, tapie dans la ________, choisit pour l'attaquer par surprise. Le fauve planta ses crocs dans l'encolure de Zelda et l'entraina dans la rivière en enfonçant ses griffes dans ses flancs. Ses chances de survie étaient très minces, mais Zelda ne perdit pas courage. Du sang tachait sa robe ________. Dans un effort désespéré, elle réussit à prendre le dessus et à maintenir la tête de la ________ sous l'eau. Cette dernière, suffocante, à demi noyée, finit par lâcher prise.
Zelda s'enfuit aussitôt et rejoignit le troupeau de ________, qui avait suivi de loin la bataille. Ses blessures n'étaient que superficielles ; en quelques jours, elle serait guérie.

– Quels sont les éléments qui ont pu te mettre sur une « fausse piste » ?
– Quels autres éléments, au contraire, t'ont permis de mieux comprendre la situation ?

Pour s'entrainer

- **Lis le texte.**
- **Explique comment tu voyais les choses en commençant ta lecture, et comment tu les vois après avoir lu le texte en entier.**

sur ton cahier
n°1 p. 30
Au début, je croyais que…
Ensuite, j'ai compris que…

1

La plaine jaune somnolait sous une chaleur écrasante.
Il la survola d'un air concentré. Il faisait encore bien chaud pour travailler, mais il fallait bien s'y mettre. Sans plus attendre, il envoya son premier bulldozer. Dans le sable meuble, il ouvrit une première route à deux voies parfaitement rectilignes puis une seconde, perpendiculaire à la première.
Enfin, il pouvait lancer son armada de pelles mécaniques.
Il fit creuser des petits puits un peu partout dans la plaine, à la recherche d'eau, mais sans succès. Il choisit un endroit précis, et le bulldozer se mit à creuser les fondations de son palais. Désormais, toute la plaine était un chantier à ciel ouvert, forée de toute part, un véritable gruyère.
Une voix qui sortait de nulle part le houspilla : « Mais, enfin ! Tu la manges ta purée, avant qu'elle ne soit froide ! » F.L.

2

Toute courbée, presque recroquevillée sur elle-même, les deux mains refermées devant elle sur les anses de son grand cabas, la petite vieille se rendait au marché. Au fond du sac, elle avait déposé son maigre pécule, toutes ses économies de la semaine pour régler ses courses. Le voyou le savait, qui l'épiait depuis plus d'un mois, avait repéré ses allées et venues : le jour du marché, à dix heures, toujours empruntant cette même rue. Il avait décidé de passer à l'action…
Lorsque la petite vieille sentit la secousse sur la lanière de son sac, elle l'agrippa de plus belle de ses doigts minés par l'arthrose. C'est alors que le miracle survint : les gestes anciens lui revinrent instantanément en mémoire. Elle posa son mocassin sur le genou de son agresseur et lui grimpa littéralement dessus. Elle amorça un incroyable saut périlleux arrière puis se réceptionnant parfaitement devant son agresseur, elle hurla son cri de guerre, le paralysant une demi-seconde.
Elle l'attrapa fermement par le col puis elle entreprit une superbe planchette japonaise qui le fit s'écrouler comme une crêpe molle sur le trottoir dur et froid.
Puis, comme si de rien n'était, toute courbée, presque recroquevillée sur elle-même, elle reprit tranquillement son chemin vers le marché. F.L.

3

Au début, Tonton était idéalement placé. On aurait pu croire qu'il bouclerait l'affaire en deux minutes. C'était compter sans le petit nerveux en débardeur, qui a profité d'une seconde d'inattention pour le doubler par la gauche. Ensuite, il y a eu le grand échalas à casquette blanche, et la dame dodue en baskets montantes. Le signal était donné, tout le monde a commencé à déborder Tonton par la droite, par la gauche. Il y en avait même, des tout petits, qui lui passaient entre les jambes. Une demi-heure plus tard, au lieu d'approcher du but, Tonton avait reculé de plusieurs mètres. Maman s'est avancée vers lui.

– Tu es trop gentil, Ludo ; tout le monde en profite ! Laisse-moi ta place, je vais te le commander, ton hotdog. R.F.

4

Dans la somptueuse galerie, la jeune fille s'admira devant un magnifique miroir doré à l'or fin, puis fit la révérence à son amie qui venait à sa rencontre.

– Mademoiselle la Comtesse Marie de Frais-Minois ! Comme vous êtes élégante aujourd'hui !

– Mademoiselle la Duchesse Léa de Bon-Aloi, sachez que le Duc de Fric-en-Frac m'a invitée à la fête qu'il donne ce soir dans le grand salon du palais !

– Ma bonne amie, vous excitez ma jalousie ! Comment se fait-il qu'il ne m'ait pas conviée ?

– Peut-être parce que vous avez fait les yeux doux au Marquis de Joli-Cœur, l'autre soir, au bal…

La maitresse interrompit les deux amies dans leur jeu :

– Marie, Léa, dépêchez-vous, c'est l'heure de la fermeture, nous n'allons tout de même pas passer la nuit au château de Versailles !

J'adapte **ma lecture au fil du texte**

- **Lis le texte.**
- **Explique comment tu voyais les choses en commençant ta lecture, et comment tu les vois après avoir lu le texte en entier.**

5

Il était là. Elle en était sure. Il se cachait quelque part. Tapi dans l'ombre. Elle pouvait presque l'entendre respirer. Elle sentait... comment dire... des vibrations hostiles dans l'air. Une odeur aussi. Inhabituelle. Comment avait-il réussi à s'introduire dans l'appartement ? Elle avait croisé ses yeux jaunes, tout à l'heure, à la cuisine. Des yeux menaçants, inquiétants. Des yeux qui disaient clairement : « Je suis capable de tout ! » Aussitôt, elle s'était cachée derrière la porte du placard à balais. Son cœur battait la chamade. Jamais elle ne s'était sentie aussi vulnérable. Il fallait qu'elle déguerpisse.

Mais par où ? Toutes les portes étaient fermées. Pas un trou, pas une fissure que le propriétaire des lieux n'ait soigneusement colmatés...

La seule issue qui restait était la fenêtre ouverte sur le balcon. Elle décida de tenter le tout pour le tout et s'élança à travers le salon.

– Miiiaouuu ! fit le siamois affamé en abattant sa patte féroce sur la pauvre petite souris. F.L.

6

J'aime bien aller chez madame Roulette. Il y a tous mes jouets préférés : des Lego®, des Playmobil®, des Kapla®... Parfois, il y a même d'autres enfants de mon âge avec lesquels j'ai le temps de commencer des parties passionnantes tandis que nos parents, installés sur des fauteuils confortables, lisent des magazines ou discutent à voix basse. Le seul moment que je déteste, c'est quand madame Roulette ouvre la porte de la salle d'attente et annonce :

– Rémi, c'est à toi ! Viens un peu me montrer tes quenottes ! R.F.

7

– Ma Sandy fait les meilleures glaces que j'aie jamais mangées. Glaces aux fruits, glaces au sucre, à la cannelle, à la confiture, au chocolat... J'en mange même en plein hiver ! C'est bien simple, depuis que j'ai ma Sandy à la maison, je n'achète plus de glaces. En plus, je peux lui demander n'importe quel parfum, n'importe quel mélange : par exemple, chocolat-pamplemousse ou fraise-jambon. Ma Sandy est formidable, elle ne me refuse rien ! En plus, elle est vraiment belle, je ne me lasse pas de la regarder.

– Ok, Ludovic. Tu m'as convaincue. Où est-ce que tu l'as achetée ?

– Au supermarché, rayon sorbetières. R.F.

8

L'eau était tiède, douce. Je nageais lentement la brasse coulée. J'étais bien. Soudain, une envie pressante, que je n'avais pas vu venir, m'assaillit. Aïe ! La petite commission ! Je regardai désespérément tout autour de moi. Mais la rive était loin, à une cinquantaine de mètres. Je n'aurais jamais le temps, d'autant plus qu'il me fallait marcher sur la plage et trouver ces sacrées toilettes !... Dans mon malheur, je souris. Et si ?... Mais non ?... Mais si !... Après tout !... Pourquoi pas !... Je me laissai aller avec délices dans l'eau tiède. Je ne sus ce qui me réveilla brusquement. Sans doute une mauvaise vague, plus haute qu'une autre. Ou alors simplement le contact du drap humide sur ma cuisse. F.L.

Pour aller plus loin

- **Lis ce texte.**

Le témoin se tourna vers l'officier de police et déclara :
« Je n'ai pas vu l'agresseur de face, mais je suis presque sure qu'il n'apparait pas sur les photos que vous m'avez présentées. »
Le téléphone l'interrompit : c'était le médecin des urgences qui indiquait que la victime venait de sortir du coma : « Je vous autorise à lui poser quelques questions, mais je vous préviens, je serai intransigeante, pas plus de cinq minutes ! Il ne faudrait pas l'épuiser avec votre enquête. »
L'officier de police s'assit au chevet de la victime, et de sa voix la plus douce, lui dit : « Merci de bien vouloir nous aider dans notre enquête. Je serai aussi brève que possible. D'abord, comment vous sentez-vous ?
– J'ai très mal à la tête, mais je sors peu à peu du brouillard où j'étais plongé depuis deux jours.
– Pouvez-vous décrire la personne qui vous a agressé ?
– Environ un mètre soixante, des cheveux blonds, des bottes de cuir et une cicatrice au menton.
– Une cicatrice au menton ? Magnifique ! Je sais qui a fait le coup ! On va aller cueillir cette crapule à son domicile ! »
En entendant la police arriver, l'agresseur n'opposa aucune résistance.
« Je te tiens enfin ! Allez, tends tes mains pour qu'on te passe les menottes, tu vas retrouver tes amies en prison ! »

À toi de mener l'enquête et de trouver non seulement le nom de l'agresseur, mais aussi celui des autres personnages.

Fais attention à tous les indices cachés dans le texte !

- **Qui est...**

– **le médecin :** François ou Françoise ?
– **la victime :** Martin ou Martine ?
– **le témoin :** Charles ou Charlotte ?
– **l'officier de police :** Jean ou Jeanne ?
– **l'agresseur :** Luc ou Lucie ?

- **Quels éléments t'ont peut-être entrainé.e sur de fausses pistes ? Relève-les sur ton cahier et justifie ta réponse.**

Je repère
les « sauts dans le temps » d'un récit

Pour commencer

• **Lis ce texte.**

« Mais quand vas-tu sortir un peu de ce garage ? Tu ne vas pas passer ta vie à faire pousser des algues dans des éprouvettes ! » Gaëlle n'a que treize ans, mais elle est déjà passionnée par la biologie. « Tu devrais sortir un peu ! Vraiment, je m'inquiète pour toi… » Gaëlle laisse parler sa mère, puis marmonne sans trop y croire elle-même : « Promis, Maman, demain j'irai faire un tour à vélo ! »
« Mademoiselle Leloup, je dois vous dire que vos recherches ne sont pas à la hauteur de nos espérances. Vous mélangez le rêve et la réalité ! Soyons clairs, vos expériences n'aboutiront jamais, car vous ne vous appuyez pas suffisamment sur les résultats de vos collègues. Je vous préviens, si vous continuez dans cette voie, vous irez finir vos études ailleurs ! » Gaëlle baisse la tête et serre les dents. « Inutile de lui répondre, il ne comprendrait pas… »
Devant le comité scientifique au grand complet, Gaëlle s'avance, plutôt émue. D'une main nerveuse, elle replace une mèche de cheveux gris derrière son oreille. Aujourd'hui, elle reçoit des mains du Président de l'Académie des Sciences le Grand Prix pour l'Innovation Biotechnologique.
« Chère collègue, votre découverte va révolutionner la recherche : vous avez osé explorer des pistes innovantes et, grâce à vous, le monde pourra bientôt se passer du pétrole ! Croyez-moi, vous êtes bien partie pour le prix Nobel ! »

À deux endroits du texte, il se produit un « saut dans le temps ».

• **Repère-les, puis, en quelques phrases, explique ce qui a pu se passer pendant ces sauts dans le temps.**

Pour s'entrainer

• **Lis le texte, puis cherche à quel endroit se produit un « saut dans le temps ».**
• **En quelques phrases, raconte ce qui s'est passé, selon toi, pendant ce saut dans le temps.**

1

Comment Antoine avait-il pu le lâcher ? Comment avait-il eu le cœur de mettre fin à leurs jeux, à leurs rigolades, le courage de faire ses valises, de partir si loin ?
« Je n'irai jamais étudier à l'étranger, moi ! » murmura rageusement Jérôme Lemoine, la veille du départ de son frère aîné pour l'Université de Shangai.
L'aéroport de Boston grouillait de monde. Pourtant, la première tête que reconnut Jérôme fut celle d'Antoine. Tout en poussant des braiements d'âne, comme quand ils étaient enfants, le plus jeune des deux frères Lemoine agita la pancarte « WELCOME FRANGIN » qu'il avait préparée pour l'arrivée de son aîné.
« Alors Mister Doctor of the Boston University, c'est toi qui ne devais jamais partir étudier à l'étranger, bourricot ? » pouffa Antoine en donnant à son cadet une accolade musclée.

2

– Oui, Maman, ne t'inquiète surtout pas. Je te promets d'être sage, comme une image.
Il avait promis. Avec une idée derrière la tête, il est vrai. C'était la première fois qu'elle le laissait seul à la maison depuis la disparition de son papa. Dès qu'elle fut sortie, Marcel fonça au grenier, et s'arrêta devant la grosse malle interdite. Il fit sauter le petit cadenas à l'aide du tournevis qu'il avait emprunté dans l'atelier de son papa. Puis il souleva le lourd couvercle de bois. Quelque chose de gluant se referma sur sa main et lui attrapa férocement le bras. Il hurla.
– Mon pauvre Marcel, dit sa maman en lui caressant le front. Je t'avais pourtant prévenu ! Et tu m'avais promis-juré de ne jamais t'approcher de cette maudite malle !
Il ressentit une grande douleur au niveau de son épaule.
Sa maman le berça tendrement :
– Toi, il ne t'a croqué que le bras. Mais ton pauvre papa, lui !... Ah là là ! Mais quels curieux vous faites dans cette famille !

3

Tonton Zéro n'avait jamais sauté une telle bosse. Il n'avait même jamais sauté de bosse du tout, c'était la première fois qu'il chaussait des skis. Et sans avoir testé son équilibre, il a pris le télésiège qui monte le plus haut de la station. Il s'est placé en position de tout schuss (il l'avait surement étudiée en regardant la télé, parce que c'était bien imité).
Il a crié :
– À la une, à la deux, et à la trois !
Ses paroles suivantes, il les a prononcées quelques heures plus tard.
– Rémi, ne me regarde pas avec des yeux de biche effrayée ! Va plutôt chercher un feutre.
J'étais rudement heureux qu'il reprenne la parole, mais concrètement, je ne voyais pas bien ce qu'il pourrait faire avec un feutre.
– Si tu veux, Tonton, mais euh...
– C'est pour toi, le feutre, Rémi : tu vas faire un beau dessin sur mon plâtre.

4

Le sentier s'étire comme un serpent, toujours plus loin, toujours plus haut. Et Tonton Zéro qui accélère encore ! Surtout ne pas craquer. Ne pas le décevoir.
– Alors, Rémi, ça gaze ?
– Impec', Tonton ! Je me régale !
Ce qu'il ne faut pas dire pour cacher qu'on n'a pas fermé l'œil de la nuit à cause d'un roman. Ce roman que Tiloann m'a passé hier en me disant qu'il était génial, mais très fatigant. Un roman « fatigant »... J'ai ricané sur le moment, mais maintenant, je comprends !
– Te fais pas de mouron, Rémi, me dit la voix tranquille de Tonton, alors que je découvre un paysage qui ballotte, sur ses épaules. C'est ma faute. Tu étais un peu jeune pour cette rando.
J'ai bien envie de répondre à Tonton que non, elle n'est pas si dure, sa rando, mais le sommeil me donne une grosse baffe et je me rendors au sommet de ses épaules, jusqu'à la maison.

Je repère
les « sauts dans le temps » d'un récit

- **Lis le texte, puis cherche à quel endroit se produit un « saut dans le temps ».**
- **En quelques phrases, raconte ce qui s'est passé, selon toi, pendant ce saut dans le temps.**

5

Je les entendis lâcher les chiens. Ah ! ces humains, tous des lâches ! Si je pouvais facilement semer le plus rapide de ces molosses… Comment se débarrasser de toute la meute ? La partie promettait d'être rude, mais je n'avais pas dit mon dernier mot.
D'ailleurs, je n'avais pas vraiment le choix. Je devais trouver une échappatoire, et vite. Sans cela, ma peau ne vaudrait pas bien cher…
Lorsque le cor sonna la fin de la chasse, tous les chasseurs rappelèrent un à un leurs chiens et se résignèrent à rentrer bredouilles. Terré derrière une touffe de roseaux, le cœur prêt à éclater, je reprenais mon souffle. Il s'en était fallu d'un cheveu qu'un de ces molosses ne me repère. Qu'importe désormais que je tremble sous ma robe mouillée ! J'avais gagné quelques semaines de vie. Je pouvais dormir sur mes deux oreilles. Jusqu'à la prochaine grande chasse à courre. F.L.

6

– Tu crois vraiment qu'on peut monter à deux ? demanda Cynthia en inspectant le vieux vélo de Tom…
– Bien sûr ! J'ai même battu un record de vitesse dans la descente du camping, avec Riri sur le porte-bagage !
La jeune fille hésita. Le soleil brillait.
Les oiseaux chantaient.
Elle monta derrière son copain…

– On a frappé, Albert, tu y vas ? lança, depuis la cuisine, Mme Frot à son mari.
Le retraité quitta à regret ses mots croisés pour aller ouvrir.
Une fille et un garçon se tenaient sur le seuil de la maison forestière.
– Bonjour, Monsieur, pardon de vous déranger… Vous auriez de quoi faire des pansements ? demanda la fille, brune, grande, le genou couronné, appuyée sur l'épaule du garçon, blond, petit, le nez en sang…
Le vieux monsieur eut un sourire :
– Vous alors, on peut dire que vous êtes bien tombés : je suis médecin ! F.L.

Pour aller plus loin

Voici des pages du journal de bord d'une aviatrice, aventurière au siècle dernier.

- **Lis ces textes, puis remets-les dans l'ordre chronologique en rétablissant les dates manquantes.**
- **Explique ce qui s'est passé entre chacun des extraits de ce journal.**

L'avion a redécollé.
Enfin. Après quatre jours de doute et de découragement, le moteur semble vouloir fonctionner... au moins jusqu'à Dar es Salaam, que je devrais atteindre demain. S'il tient le coup, je pourrai trouver les pièces et les outils qui me manquaient dans la brousse. Pourvu qu'il ne lâche pas !

17 octobre
Beaucoup de monde à mon départ de Johannesburg. Comme les journaux ont parlé de ma tentative de tour du monde, une foule de curieux s'était rassemblée pour me souhaiter bon voyage. Peu après le décollage, il y a eu un court-circuit dans ma radio de bord. Il faudra que je m'occupe de ça dès mon arrivée en Tanzanie, prévue demain soir.

re
Arrivée un peu mouvementée à l'aéroport hier soir. Ne pouvant communiquer avec la tour de contrôle, j'ai été obligée de me poser sans autorisation. C'est la police qui m'a accueillie sur la piste d'atterrissage, mais tout s'est arrangé très vite. Après une bonne nuit à l'hôtel, je suis prête à remettre l'avion en état et à repartir en direction de Madagascar.

obre
Atterrissage d'urgence dans la brousse, quarante-huit heures seulement après mon départ. Et avec la radio qui ne fonctionne plus, impossible d'appeler les secours ! Il faudra que je répare seule. La chaleur est supportable en journée, mais c'est le manque d'eau et de nourriture qui m'inquiète le plus.

Je trouve **un mot grâce au contexte**

Pour commencer

- **Lis ce texte dans lequel des mots ont été cachés.**

Drame de la nature ! Je lisais [1] le pommier, quand un [2] s'est détaché, tombant à mes pieds. La pomme s'est immobilisée. Elle [3] trop mure et légèrement gâtée. C'est alors que j'ai [4], sortant du fruit, un ver ou une chenille, je [5] savais pas trop. J'ai observé cet animal se contracter, se déployer, se contracter encore et se déployer toujours pour [6] sur le fruit. Un oiseau s'est précipité… Un coup de bec rapide… Et fin de l'histoire !

- **Dans la liste ci-dessous, retrouve les mots cachés en t'appuyant sur :**
- le sens du texte ;
- l'orthographe (accords, conjugaison…).

Attention, parfois plusieurs réponses sont possibles.

étaient	fruits	découvert	dans	sous
fruit	avancer	ne	se déplacer	semblait

Pour s'entrainer

Lis le texte et trouve les mots cachés en t'aidant de la liste proposée.

1 La nuit était tombée. Tout le [1] dormait. Plus aucun bruit. C'était le [2] rêvé pour enterrer son trésor au fond de son jardin. [3] sa pelle, Nestor s'approcha du pied du vieux sapin et commença à [4] la terre sèche. Lentement, le trou s'agrandissait. Cela allait être [5]. Il voulut alors souffler un peu, avant d'aller chercher le coffret pour l'[6]. Soudain, il entendit derrière la haie : « Alors, voisin, drôle de moment pour [7] des radis ! » Tout était perdu !

Pour t'aider
ville - monde - arroser - enterrer - achevé - efficace - prenant - moment - creuser - planter - rangeant

2 Le chasseur savait qu'ils étaient là : un [1] d'éléphants mâles qui se reposaient sous les arbres, abrités du [2] torride de la savane. Cela faisait plusieurs heures qu'il [3] observait. Veillant à ne pas se mettre dans le vent pour que les animaux ne [4] pas son odeur, l'homme se coucha sur le sol, et en [5] avec lenteur, entreprit de se rapprocher du troupeau. Le canon de son fusil était enveloppé de tissu pour éviter que l'éclat du soleil sur le [6] n'alerte sa proie.

Pour t'aider
avoir - feuillage - leur - groupe - soleil - l' - tas - être - canon - chapeau - métal - troupeau - les - fusil - chaleur - sentent rampant - marchant

3

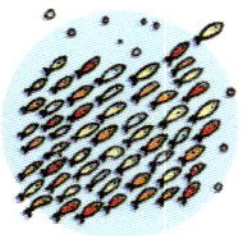

Clara apercevait au fond de la rivière d'énormes poissons qui [1] paresseusement. Ils venaient jusqu'à la rive, ondulaient dans l' [2] claire. Elle avait jeté ses préparations secrètes pour [3] appâter. Ils avaient tout avalé, tout dévoré, mais maintenant que l'hameçon cherchait à les séduire, ils [4] se moquer d'elle et la narguer. L'asticot se démenait... mais cela ne [5] à rien. Les [6] tournaient en une ronde moqueuse autour du vermisseau.

Pour t'aider
nageait - l' - eau - semblaient - poisson - poissons - nageaient - onde - servait - les

4

Le capitaine rassembla l'équipage sur le pont pour lui [1] leur mission secrète : aller rejoindre les iles lointaines de l'Asie. Tout le monde savait que les Portugais en [2] l'accès aux étrangers et se réservaient à eux seuls le droit d'y faire du [3]. Ils massacraient les [4] étrangers qui osaient s'y [5].
Le capitaine ordonna à tous de regagner leur poste. Aucun des marins présents ne s'opposa à son projet, de peur de passer pour un [6].

Pour t'aider
rendre - permettaient - paresseux - interdisaient - aller - révéler - trafic - dit - commerce - rares - marins - lâche

5

Après sa victoire, le pharaon rassembla les prisonniers et leur [1] le choix suivant. Soit ils acceptaient de le servir et de lui [2] fidélité... Soit ils s'engageaient à déposer les [3] et à ne plus se battre. Ils seraient alors marqués au fer rouge comme du [4], et malheur à eux si un jour ils tentaient de se [5]. Quant à ceux qui [6] l'une et l'autre proposition, ils seraient mis à mort.

Pour t'aider
armes - contre - promettre - bétail - refusaient - laissa - jurer - servait - révolter - retourner

Pour aller plus loin

Trouve les mots cachés :
– si le mot inconnu a un numéro [1], il est dans la liste « Pour t'aider » ;
– s'il est caché par [?], il n'est pas dans la liste.

Pour t'aider
bâti - folie - vendues - bien - sombrait - basculaient - constituées - valeur - contre - pour

En Hollande, au XVIIe siècle, une véritable [1] s'était emparée des habitants. C'était à qui trouverait la plus belle tulipe, celle qui avait la couleur la plus rare ou la forme la plus étrange. Et tous [?] à prix d'or les bulbes tant désirés. Riches marchands et nobles personnages rivalisaient : ils se devaient de faire aussi [2] que leurs amis, ou mieux [?], les dépasser. De véritables collections avaient été [3]. Les bulbes de tulipes s'échangeaient à [4] d'or : des maisons ou des châteaux pour quelques fleurs, des navires [5] une poignée de bulbes. En peu de temps, des fortunes se faisaient et se défaisaient, les gens s'enrichissaient ou [6] dans la misère.

Je comprends **comment les mots sont fabriqués** (1)

Les suffixes

Pour commencer

- **Lis les extraits de définition suivants et associe-les à un adjectif de l'encadré.**

a. [ ] : adj., que l'on ne peut pas lire.
b. [ ] : adj., que l'on peut boire sans danger.
c. [ ] : adj., qui ne peut être cru.
d. [ ] : adj., qui peut servir de nourriture à l'homme.
e. [ ] : adj., qu'on ne peut dénier ; certain, incontestable.
f. [ ] : adj., que l'on peut croire.

indéniable
crédible
comestible
incroyable
illisible
potable

– Quelles terminaisons communes peux-tu identifier à la fin des adjectifs ?
– Quel est le sens de ces suffixes ?

- **Compose une phrase avec chacun de ces adjectifs.**

Pour s'entraîner

Complète chaque phrase avec un adjectif de la famille du mot en violet, en utilisant l'un des suffixes proposés en rose.

1 **-able** ou **-ible** ?

a. En hiver, les automobilistes ne peuvent **franchir** de nombreux cols, car ils sont rendus [ ] par les fortes chutes de neige.

b. L'énergie solaire peut être **renouvelée** grâce au soleil. cette énergie [ ] peut aider à sauver la planète.

c. Malgré les technologies qui permettent de **prévoir** les phénomènes météorologiques, certaines catastrophes demeurent [ ].

d. En été, la nuit, je m'amuse à **dénombrer** les étoiles, mais c'est peine perdue : elles sont [ ].

2 **-able**, **-ible** ou **-uble** ?

a. Dans le cadre de cette enquête judiciaire, les policiers procèdent à toutes sortes de **vérifications**. Heureusement pour le principal suspect, son alibi est tout à fait [ ].

b. Quand nous partons en randonnée, le café [ ] s'avère pratique car il se **dissout** dans l'eau bouillante.

c. Cet ordinateur [ ] est très pratique car il est léger et peut être **transporté** facilement.

d. « Dans la vie, il n'existe pas de problèmes [ ]. On peut toujours trouver des **solutions** », me confiait mon grand-père.

3

-able ou -ible ?

a. Les plantes ______ sont des plantes qui poussent là où les humains n'en veulent pas. Elles peuvent **nuire** par exemple au développement d'autres plantes utiles en les envahissant.

b. Le dépliant touristique disait **vrai** : Marie venait d'arriver dans un petit village provençal, perché au sommet d'une colline, qui ressemblait à un ______ paradis.

c. **Pouvoir** faire la liste de tous les gestes répétitifs quotidiens d'une mère au foyer parait ______ : fort heureusement, ces tâches commencent à être reconnues comme un vrai travail.

d. Je cherche désespérément un artisan qui accepte de **réparer** la vieille montre de mon arrière-grand-père. J'aimerais tellement qu'elle soit ______ !

4

-able ou -ible ?

a. Même si, la plupart du temps, je **préfère** voyager en train plutôt qu'en avion, il est ______ de prendre l'avion pour cette destination lointaine.

b. L'équipe de rugby que nous allons rencontrer dimanche prochain semble ______ : elle n'a jamais été **vaincue** cette saison.

c. Certaines races de chiens ont un odorat très ______ : on les utilise par exemple pour rechercher les truffes, qu'ils **sentent** à travers la terre.

d. Je peux **lire** facilement tes notes, car ton écriture est très ______ .

5

-able ou -ible ?

a. Anne-Marie aime rendre **service**, et dans la famille, tout le monde apprécie cette personne ______.

b. Alors que je l'ai acheté depuis presque dix ans, ce pantalon est toujours à la **mode** et à peine **usé**. Il semble ______ et ______.

c. J'ai besoin de calme et de **paix**. Je rêve de pouvoir me reposer dans un endroit ______.

d. Souvent, les parents prennent des photos de leurs enfants lors d'événements heureux qu'ils veulent garder en **mémoire**. Plus tard, ils aiment regarder les photos de tous ces moments ______.

Pour aller plus loin

Les adjectifs suivants sont peu fréquents. En t'aidant du dictionnaire, complète ces définitions.

- Des séquelles irréversibles, ce sont...
- Une décision irrévocable, c'est...
- Des explications plausibles, ce sont...
- Un homme irascible, c'est...
- Une personne vulnérable, c'est...
- Un visage impassible, c'est...

Je sais repérer **les familles de mots**

Pour commencer

- **Observe ces trois extraits de définitions de dictionnaire.**

> **FAIM :** n.f. Sensation éprouvée quand on a besoin de manger.
> **A. FIN :** n.f. Moment où quelque chose se termine.
> **B. FIN :** adj. **1.** Extrêmement petit. **2.** Extrêmement mince.
> **3.** Qui présente un caractère de perfection.

- **Une élève a recherché, sans les trier, des mots appartenant à ces trois familles. Achève son travail en classant dans un tableau les trois familles. Aide-toi du dictionnaire si nécessaire.**

finir · finesse · affiner · famine · extrafin · finale
raffinerie · affameur · finalement · peaufiner · infini
finement · affamé · indéfiniment · finaliste

– Comment as-tu fait pour distinguer les familles d'homonymes ?
– Retrouves-tu le mot faim dans tous les mots de sa famille ?

Pour s'entrainer

- **Complète les phrases en t'aidant de la liste de mots (n'oublie pas de les accorder).**
- **Puis reconstitue les deux familles de mots de la liste.**

sur ton cahier
n°1 p. 42

Famille lexicale de seul	Famille lexicale de soleil

1

a. Au cours des journées très ______, un ______ te protègera.
b. Elsa avait du mal à contenir sa joie : parmi tous les violonistes, elle venait enfin d'être choisie comme ______ au sein de l'orchestre symphonique.
c. Huit planètes, dont la Terre, composent le Système ______.
d. Le grand-père prit sa petite-fille sur ses genoux et lui murmura : « Tu illumines mes vieux jours et m'empêches de sombrer dans la ______. Merci ! »
e. La navigatrice aimait par-dessus tout les courses en ______.

seul
soleil
solitude
parasol
solaire
solitaire
soliste
ensoleillé

2

a. En maternelle, les enfants aiment bien faire des gestes avec les ______.
b. Le ______ de la voiture ne fonctionnait plus, si bien que le conducteur a dépassé bien malgré lui la vitesse autorisée.
c. Autrefois dans les campagnes, les villageois se retrouvaient souvent autour d'un bon feu pour écouter le ______, qui les fascinait avec ses histoires surgies de la nuit des temps.
d. Mes copines sont très bavardes… Je n'aime pas quand elles commencent à ______ n'importe quoi et deviennent parfois méchantes.
e. Si j'agrandissais mon entreprise, j'aurais besoin d'un ______.

conter
compteur
conte
comptable
compter
conteur
raconter
comptine

3

a. Les frères jumeaux n'avaient pas du tout la même ______ : l'un était grand et fort, l'autre petit et mince.
b. « Avant de vous remettre à courir, ordonne l'entraineur, prenez votre pouls pour mesurer votre rythme ______. »
c. À Noël, Sofiane a mangé tant de chocolat qu'il en est ______ pour plusieurs mois.
d. Pour combattre la grippe, le corps de Philippe a fabriqué des ______ qui l'ont immunisé contre la maladie.
e. Ce matin, Fanny était tellement fatiguée qu'elle s'est levée à ______ pour aller travailler.

cœur
corporel
cardiaque
corporation
écœurer
corps
à contrecœur
corpulence
anticorps

4

a. Dominique s'apprêtait enfin à ______ aux commandes de l'avion qui l'avait fait rêver enfant.
b. Alors qu'il admirait la tour Eiffel, ce touriste étranger a été victime d'un ______ à la tire. Il s'en est vite aperçu, mais l'auteur du forfait s'était déjà ______.
c. Si tu ne mets pas d'______ quand tu t'en sers en ville, il est fort probable que ton vélo tout neuf disparaitra très vite.
d. Il y a plus d'un millénaire, les Chinois construisaient des ______ capables de transporter un homme.
e. Dans cette affaire complexe, situation surprenante, le ______ a finalement décidé de porter plainte.

vol
s'envoler
voler
se volatiliser
vol
antivol
voleur
cerf-volant

Je sais repérer **les familles de mots**

- **Complète les phrases en t'aidant de la liste de mots (n'oublie pas de les accorder).**
- **Puis reconstitue les deux familles de mots de la liste.**

5

a. Ses petits-enfants la surnommaient avec tendresse « Mamie Trocui » car elle ne respectait jamais les _____ de cuisson et rendait immangeable tout ce qu'elle cuisinait.

b. Les porteurs qui accompagnent les alpinistes lors de leurs expéditions dans l'Himalaya font preuve d'une _____ à toute épreuve.

c. _____ tout le discours, Mathieu avait envie de tousser, mais il a réussi non sans mal à se retenir.

d. Grâce à sa _____, le diamant peut couper n'importe quel matériau.

e. « Les gouvernements des deux pays _____ actuellement leurs positions, ce qui fait craindre une guerre prochaine », explique le journaliste.

dur
durer
durcir
endurance
dureté
endurer
durant
durable
durée

Pour aller plus loin

Toutes les réponses aux devinettes suivantes sont des mots d'une même famille lexicale. Trouve-les et entoure le mot qui représente la famille (ou le mot principal ou le chef de famille).

a. Je suis un océan. Je dois mon nom à Ferdinand Magellan qui n'a pas connu de tempête lors de ma traversée et a trouvé mes eaux calmes. *Qui suis-je ?*

b. Je suis souvent symbolisée par une blanche colombe, tenant dans son bec un rameau d'olivier. *Qui suis-je ?*

c. Je suis un synonyme du verbe « calmer ». *Qui suis-je ?*

d. Je suis quelqu'un qui refuse toujours la guerre parce que je pense qu'il n'y a jamais de bonnes raisons pour le faire. *Qui suis-je ?*

e. Je suis le contraire de l'adjectif « agité ». *Qui suis-je ?*

J'utilise **avec aisance le dictionnaire**

Pour commencer

- **Lis ces deux articles de dictionnaire.**

A. SENS n.m
1. Direction.
2. Côté d'un corps, d'une chose.
3. Au sens abstrait, direction que prend une activité.

B. SENS n.m
1. Ce qui permet à l'homme de sentir, de percevoir les objets.
2. Signification.
3. Instinct, intuition.

Que peux-tu dire de la prononciation et de l'orthographe de ces deux noms ?

- **Maintenant, lis ces phrases et trouve, pour chacune, l'article correspondant au nom sens. Puis écris la lettre et le numéro qui correspondent à la définition.**

a. Le toucher est probablement le sens le plus indispensable à la survie de l'être humain, car il permet de ressentir le froid, la chaleur, la pression ou la douleur.
b. Place cette feuille de papier devant toi dans le sens de la largeur.
c. Récemment, les règles de circulation ont changé au centre ville, et j'ai failli emprunter la rue principale dans le mauvais sens.
d. Sans dictionnaire, il parait difficile de trouver le sens du mot « chiroptère ».
e. Si nous nous mettons tous ensemble pour travailler dans le même sens, nous réussirons.

Pour s'entrainer

sur ton cahier
n°1 p. 45
Phrase a : définition 6

Indique, pour chaque phrase, le numéro qui correspond à la bonne définition.

1

GRAIN n.m.
1. Fruit ou graine d'une céréale.
2. Petit fruit de certaines plantes.
3. Élément minuscule de matière.
4. Aspérité, aspect d'une surface.
5. Très petite quantité.
6. Coup de vent violent, soudain, accompagné d'une averse.
7. *Avoir un grain,* fam. : être un peu fou.

a. À la fin de la croisière, nous avons essuyé un grain impressionnant.
b. En arts plastiques, j'utilise du papier à grain moyen pour dessiner au pastel sec.
c. Je trouve le café en grains plus parfumé que le café moulu.
d. Au lieu de picorer les grains de blé, la petite poule rousse eut l'idée de les semer.
e. Sans grains de sel, la nourriture serait bien fade, insipide.
f. Comme vous êtes sages ! Un grain de folie vous ferait du bien !

J'utilise **avec aisance le dictionnaire**

Indique, pour chaque phrase, le numéro qui correspond à la bonne définition.

2

A. CHANGER v.
1. Rendre différent.
2. Remplacer quelqu'un (ou quelque chose) par quelqu'un d'autre (ou quelque chose d'autre).
3. Échanger de l'argent d'une monnaie dans une autre.
4. Changer un bébé : lui mettre une couche propre.
5. Devenir différent.

B. SE CHANGER v.
1. Se transformer.
2. S'habiller avec d'autres vêtements.

a. Pour ton voyage au Québec, il te faudra changer tes euros en dollars canadiens.
b. Attends-moi une minute, juste le temps de me changer pour être à l'aise.
c. Le temps a vite changé : il neigeait hier et, aujourd'hui, on se croirait au printemps.
d. Omar a retrouvé son sourire : son nouveau travail lui change la vie.
e. En quelques années, le jardin a beaucoup changé : les arbres ont grandi et les fleurs se sont multipliées.
f. Pendant cette étape du Tour de France, le champion cycliste a été obligé de changer deux fois les roues de son vélo.
g. La chrysalide s'est changée en superbe papillon.

3

A. DROIT adj.
1. Qui est sans courbure d'un bout à l'autre.
2. Vertical.
3. Franc et honnête.
4. Angle droit : angle à 90 degrés.

B. DROIT n.m.
1. Permission, autorisation.
2. Ce qui est permis par un règlement, une loi.
3. Ensemble des lois.
4. Somme d'argent à payer.
5. Être dans son droit : être en règle.

a. Mes parents ne me donnent pas le droit de jouer dehors quand il fait nuit.
b. Je n'arrive pas bien à tirer des traits droits à la règle, il faut que je m'entraine.
c. Je suis fière des murs bien droits de la cabane en bois que j'ai construite.
d. La convention internationale des droits de l'enfant prévoit le droit à l'identité, c'est-à-dire le droit pour les enfants qui naissent de porter un nom.
e. Nicolas va bientôt terminer ses études d'avocat et a choisi de se spécialiser dans le droit du travail.
f. Au Moyen Âge, pour emprunter certains ponts, les voyageurs devaient s'acquitter de droits de péage.
g. Tu peux lui faire confiance : c'est un homme droit.

4

A. DEVOIR v.
1. Être obligé de faire quelque chose.
2. Être supposé faire quelque chose.
3. Être redevable de quelque chose.
4. Indique la probabilité.

B. DEVOIR n.m.
1. Ce que l'on doit faire.
2. Exercice écrit donné à un élève par un professeur.

a. Il ne nous a pas rejoints au cinéma : il a dû préférer rester au chaud sur son canapé devant la télévision, probablement.
b. Dans un pays démocratique, voter fait partie des devoirs du citoyen.
c. Mon amie Christine a l'intention de passer à la maison cet après-midi ; elle doit apporter des biscuits pour accompagner le thé.
d. Papa n'arrive pas à faire faire ses devoirs à mon jeune frère. Quelle ambiance à la maison !
e. « Je voudrais une baguette et deux croissants. Combien je vous dois ? »
f. D'après la loi, on doit assistance aux personnes en danger.
g. Parce que je l'avais insulté, j'ai dû présenter mes excuses à mon camarade devant toute la classe.

Pour aller plus loin

Identifie chaque illustration. Elles t'aideront à compléter les deux homonymes de chaque phrase.

a. Un ____ de terre a glissé dans le ____ que j'avais laissé dehors.

b. Sur un ____ de mur d'une villa romaine, nous avons pu admirer une fresque avec des ____.

c. En ____ dernier, pour la fête des mères, papa a cuisiné des ____ délicieux.

d. Une bonne soupe de ____ ne te fera pas prendre de ____.

e. Par ____ d'orage en été, à la campagne, il n'est pas rare de se faire piquer par un ____.

f. Le weekend, il préfère jouer au tennis et échanger des ____ avec ses amis plutôt que de fréquenter les ____.

g. Ils se sont rencontrés dans un jardin public, sur un ____, et ont fait publier les ____ de mariage seulement deux mois plus tard.

h. J'avais préparé une belle ____ meunière, mais elle m'a échappé des mains : elle est tombée sur le ____.

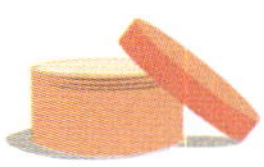

i. Ce ____ de crème solaire à écran total m'a coûté une fortune, mais je suis sure qu'elle protègera ma ____ du soleil tropical.

Je sais former **des noms abstraits à partir d'adjectifs**

Pour commencer

- **Complète ces extraits de contes avec un nom féminin se terminant par le suffixe -té, en t'aidant des adjectifs proposés.**

curieux
libre
généreux
cruel
beau

a. ... À l'occasion du baptême de la princesse, chacune des bonnes fées invitées se pencha sur son berceau et fit un don. La première fée, la plus jeune, lui offrit la ___...

b. ... À cause de la ___ de son mari dévoreur de petits enfants, la femme de l'ogre tenta de persuader le Petit Poucet et ses frères de ne pas entrer dans sa maison...

c. ... Barbe-Bleue confia toutes les clés du château à sa jeune épouse, mais lui interdit formellement d'ouvrir la petite pièce au bout de la galerie. Quand son mari partit en voyage, la ___ de la jeune femme la poussa à y pénétrer...

d. ... Au lieu d'aller à l'école et d'obéir à Geppetto, la marionnette Pinocchio préféra vendre ses livres pour s'aventurer sur les chemins de la ___...

e. ... Poussée par sa ___, en pleine tempête, la Petite Sirène sauve le prince tombé à l'eau et le ramène, inconscient, sur la plage...

- **Utilise chacun des noms trouvés dans une phrase qui ne concerne pas le monde des contes.**

Quelle remarque peux-tu faire sur l'orthographe de la fin de ces noms féminins ?

Pour s'entrainer

- **Trouve dans la phrase l'adjectif utilisé qui t'aidera à former le nom féminin manquant.**
- **Trace ensuite un tableau, comme sur l'exemple, et complète-le.**

sur ton cahier

n°1 p. 48

Adjectif trouvé	Nom féminin formé
a. vrai	vérité
b. ...	

1 -té

a. On dit que la ___ sort de la bouche des enfants, mais ce n'est pas toujours vrai : il arrive à certains enfants de dire des mensonges.

b. Quand nous allons piqueniquer en famille au bord de l'eau, nous laissons toujours l'endroit propre. Malgré nos efforts, la ___ de cette plage laisse à désirer.

c. D'habitude, un sentier bien visible permet d'atteindre le sommet de cette montagne, mais ce matin, on ne voit presque rien : la ___ est diminuée par le brouillard.

d. Ne confonds surtout pas ce que tu vois sur ton écran d'ordinateur et la vie réelle : la ___ est souvent bien différente !

2

-té

a. L'Australie est un immense pays, parfois considéré à lui seul comme le plus petit des continents. L'…… de ses déserts a longtemps fait peur à l'homme.

b. Dans le monde, l'…… augmente, touchant plus de 300 millions d'adultes. Contrairement à une idée reçue, beaucoup de personnes obèses ne mangent pas énormément, mais souffrent d'autres maladies.

c. Tenir debout sur une poutre étroite est un exercice difficile, mais possible avec beaucoup d'entrainement. Pour devenir championne de gymnastique, Marion a surmonté cette …….

d. Thomas vient d'avoir dix ans. Bien qu'il soit en âge scolaire, il ne poursuit pas sa …… dans une école, mais sur un bateau, car il fait le tour du monde en voilier avec ses parents.

3

-té

a. En ville, quand les voitures se garent sur les trottoirs, elles mettent en péril la …… des piétons : ils sont obligés de descendre sur la chaussée, alors que les trottoirs sont pour eux des endroits surs.

b. Dans un orchestre philharmonique, il est nécessaire que les musiciens suivent le chef d'orchestre afin qu'ils jouent tous ensemble. On peut difficilement contester cette …….

c. L'homme se considère souvent comme un animal supérieur. Mais dans bien des cas, il semblerait que la …… des hommes sur les animaux soit à prouver !

4

-esse ou -ise ?

a. Les notes de Sonia à l'école sont faibles : cette élève a besoin de plus de temps pour s'entrainer et remédier ainsi à la …… de ses résultats.

b. Plus tu es franc, plus les gens te font confiance. La …… te rend fiable et honnête.

c. Pour Noël, Météo France annonce un temps sec et chaud sur tout l'hexagone. Est-ce un des effets du réchauffement climatique, qui accentue la …… sur notre planète ?

d. Quand elle faisait une ……, Estelle avait pris l'habitude de prendre un air bête et désolé pour ne pas être punie trop sévèrement.

Pour aller plus loin

- **Pour chacun des adjectifs ci-contre, crée deux noms féminins en utilisant au choix les suffixes -té, -esse, -eur, -ise.**
- **Puis explique dans un court texte la différence entre les deux noms trouvés. Aide-toi si nécessaire du dictionnaire.**

large
pauvre
gros
traitre

Je comprends **comment les mots sont fabriqués** (2)

Les préfixes

Pour commencer

• **Associe les mots qui appartiennent à la même famille de mots et entoure ce qui les différencie.**

encourager	dérouler	nouer	entente	bienveillance
interne	enrouler	décourager	inspiration	malheureux
externe	inclure	infecter	malveillance	mésentente
exclure	expiration	désinfecter	heureux	dénouer

• **Observe le tableau ci-dessous complété par un élève.**

Préfixe	in- (ou im), en- (ou em-)	é- (ou ex-)	dé- (ou dé-/dés-/dis-)	mé- (ou més-), mal- (ou mau-)
Sens				
Exemples	inspiration interne encourager infecter enrouler inclure	expiration externe exclure	dérouler désinfecter décourager dénouer	malheureux malveillance mésentente

• **Écris le sens de ces préfixes dans le tableau.**

Pour s'entrainer

Dans ces phrases, complète les mots avec les bons préfixes.

1

in- ou im-, en- ou em-, é- ou ex- ?

a. Comme j'étais fiévreuse et ___ rhumée, je suis allée chez le médecin qui, pour m'ausculter, m'a demandé de bien ___ spirer et ___ pirer.

b. Katia a cru s' ___ bellir en se maquillant… Mais elle a mis trop de rouge à lèvres et de fard à paupières, ce qui l' ___ laidit.

c. Crois-tu aux trésors ___ terrés par des pirates dans des iles désertes ? Saurais-tu les ___ traire de leur cachette ?

2 in- ou im-, en- ou em-, é- ou ex- ?

a. Ce pays est célèbre pour ses entreprises d'informatique qui ___ portent leurs produits dans le monde entier.

b. Tous les villageois s'étaient déplacés pour ___ courager leur équipe de football qui rencontrait un club de première division. Hélas ! Un de leurs joueurs a été ___ clu par l'arbitre dès la première demi-heure !

c. Une nouvelle famille, originaire d'Afrique, vient d'___ ménager à côté de chez moi. Mes parents m'ont expliqué qu'elle avait été obligée d'___ migrer de son pays car une guerre civile s'était déclenchée.

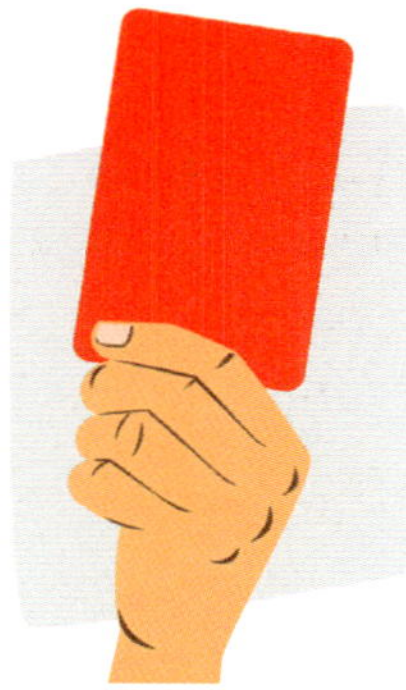

3 in- ou im-, en- ou em-, é- ou ex-, mé- ou mal- ?

a. À force d'être pourchassés, beaucoup d'animaux ont appris à se ___ fier des hommes.

b. Focky était un chien ___ traité qui avait passé de nombreuses années ___ fermé et ___ chainé. Maintenant, il est ___ touré d'affection par sa nouvelle famille d'accueil.

c. Je suis très ___ adroit : quand je prépare à manger, il ne se passe pas un jour sans que je casse ou renverse quelque chose à l'___ térieur de la cuisine.

4 in- ou im-, en- ou em-, é- ou ex-, dé-, dés- ou dis- ?

a. « Arrête de nous ___ poisonner l'existence avec tes réactions ___ proportionnées : tu te mets en colère pour un rien ! Calme-toi ! », supplia Édith.

b. Papa et maman n'aiment pas le ___ ordre de ma chambre. Pourtant, quand je la range bien, je ne retrouve rien, je suis toute ___ orientée.

c. Maël est resté alité une bonne semaine, jusqu'à ce que les symptômes de la grippe ___ paraissent enfin.

5 in- ou im-, en- ou em-, é- ou ex-, dé- ou dis- ?

a. Pour élargir la route, les ingénieurs ont dû prendre la douloureuse décision de ___ raciner des platanes presque centenaires.

b. Après un long et retentissant procès, et plus d'un an d'___ prisonnement, l'___ culpé a finalement été ___ culpé par les jurés. Il a pu enfin partir libre du tribunal.

c. Quand on ___ migre dans un pays dont on ne connait pas la langue, il est difficile au début de se faire comprendre. Il est important de ne pas se ___ courager.

Je comprends **comment les mots sont fabriqués** (2)

Les préfixes

Dans ces phrases, complète les mots avec les bons préfixes.

6

in- ou **im-**, **en-** ou **em-**, **é-** ou **ex-**, **mé-**, **més-** ou **mal-** ?

a. J'ai été obligé de rapporter au magasin ce jouet pour ___façon : il ne fonctionnait pas du tout.

b. Alors que les ressources de la planète permettraient de nourrir tous ses habitants, beaucoup trop d'enfants souffrent encore de ___nutrition.

c. Pendant le feu d'artifice, Alban avait laissé son sac avec ses papiers sans surveillance et l'avait ___garé. Heureusement, quelqu'un l'avait pris par ___garde. Cette ___aventure lui servira de leçon !

d. Cette forêt a pris feu au plein cœur de l'été.
Est-ce un acte de ___veillance ?

Pour aller plus loin

- **Associe chacun des préfixes trans- et inter- au bon schéma.**

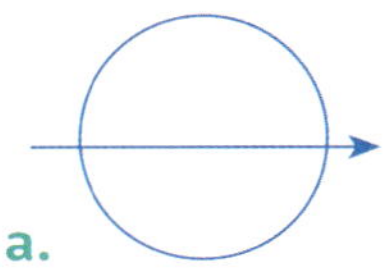

a.

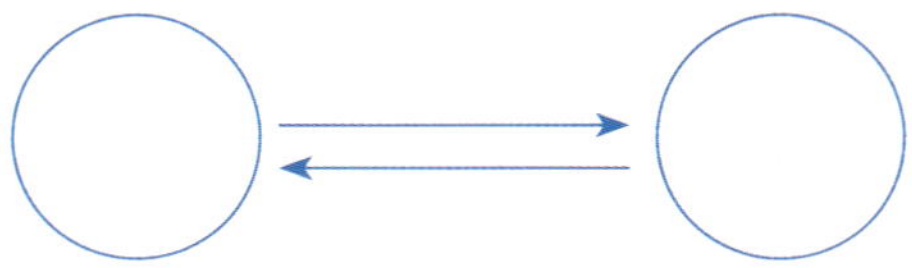

b.

- **Utilise ces deux préfixes pour former deux adjectifs de la même famille de mots que les adjectifs proposés.**
- **Puis complète le texte suivant en utilisant les mots trouvés.**

continental | océanique | national

Le canal de Panama

Le premier chemin de fer ___continental américain a été achevé en 1855. Il était situé non loin de la partie la plus étroite du continent, et parcourait une distance de 77,2 km. Puis un canal maritime ___océanique a été commencé par les Français en 1881, et terminé par les États-unis en 1914. Depuis, le trafic n'a cessé d'augmenter et le canal de Panama a une forte utilité ___nationale.

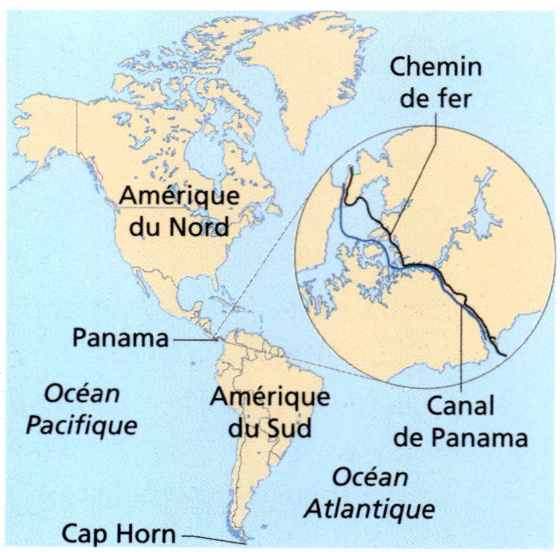

Je manipule **des mots composés à partir d'éléments latins ou grecs**

Pour commencer

Tous les éléments suivants viennent de mots grecs ou latins.
Associe-les deux à deux pour composer le plus de mots français possible.

Éléments latins

herbi | insecti | déci | claustro

vore | cide

Éléments grecs

chrono | thermo | xéno | déca

phobe | mètre

– En t'aidant si besoin du dictionnaire, peux-tu faire des hypothèses sur le sens de ces éléments ?
– Les mots que tu as trouvés appartiennent-ils à un registre de langue courant ?

Pour s'entrainer

- **Associe un mot de la liste à l'une des définitions. Attention : il y a un intrus, c'est-à-dire un mot qui n'existe pas dans le dictionnaire.**
- **Indique le sens de l'élément commun à tous ces mots.**

1

Élément grec : -logie

a. Science qui étudie ce qui se passe dans l'atmosphère pour mieux prévoir le temps.
b. Science qui étudie les volcans.
c. Science spécialisée dans l'étude de l'intelligence des poulpes.
d. Spécialité médicale consacrée aux poumons et aux bronches.
e. Sport et science qui explorent les grottes, les gouffres et les rivières souterraines.

Noms féminins
vulcanologie
météorologie
spéléologie
pneumologie
poulpologie

2

Élément grec : -graphie

a. Difficulté spécifique d'apprentissage de l'orthographe chez un enfant.
b. Art de bien former les caractères d'écriture.
c. Écriture de lettres petites comme des pattes de mouche.
d. Histoire de la vie d'un auteur écrite par lui-même.
e. Méthode qui consiste à voir un organe sur un écran.

Noms féminins
mouchographie
autobiographie
calligraphie
dysorthographie
échographie

Je manipule **des mots composés à partir d'éléments latins ou grecs**

- **Associe un mot de la liste à l'une des définitions. Attention : il y a un intrus, c'est-à-dire un mot qui n'existe pas dans le dictionnaire.**
- **Indique le sens de l'élément commun à tous ces mots.**

3

Élément latin : -forme

a. Mince comme un fil.
b. Se dit d'une personne de forme gigantesque.
c. Qui peut prendre les formes les plus différentes.
d. Qui a la même forme, le même aspect.
e. Qui a la forme d'un poisson.

Adjectifs
uniforme
filiforme
pisciforme
gigantiforme
protéiforme

4

Élément grec : -thèque

a. Lieu où l'on emprunte des jeux.
b. Armoire pour ranger la vaisselle précieuse.
c. Bâtiment où l'on peut consulter ou emprunter différents types de documents : livres, journaux, CD, DVD...
d. Meuble où l'on range les livres.
e. Organisme de prêt d'œuvres d'art.

Noms féminins
médiathèque
artothèque
vaissellothèque
bibliothèque
ludothèque

Pour aller plus loin

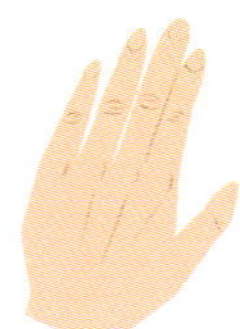

En français, il existe trois éléments qui signifient tous main et qui ont formé trois familles de mots : une formé avec main, une autre avec l'élèment latin manus et la dernière avec l'élèment grec chir- (ou chiro-).

Dans ce tableau, associe chaque mot à sa définition et reconstitue les trois familles.

A. Ouvrage écrit à la main.	1. **main-d'œuvre**
B. S'utilise avec le verbe « prêter » et signifie : « aider quelqu'un ».	2. **chirurgie**
C. Qui se fait à la main, qui exige le travail des mains.	3. **maintenir**
D. Très vite, en un instant.	4. **manucure**
E. Partie de la médecine qui s'occupe des opérations.	5. **chiromancie**
F. Tenir dans une même position.	6. **main-forte**
G. Procédé de divination qui prédit l'avenir à partir des lignes de la main.	7. **manuel** (adjectif)
H. 1. Travail d'un ou plusieurs ouvriers. 2. Ensemble des ouvriers.	8. **en un tournemain**
I. Personne dont le métier est de soigner les mains et les ongles.	9. **manuscrit**

Je transforme
les verbes en noms

Pour commencer

• Dans les phrases suivantes, remplace le pronom cela par un nom de la même famille que le verbe en couleur.

> **Pour t'aider**
> Les noms se forment avec l'un des suffixes suivants : -tion, -ment ou -age.

a. Tarik se renseigne auprès de passants pour connaitre la direction de la gare. Il a bien besoin de **cela** pour s'orienter dans cette grande ville inconnue.

b. Quand on lui a annoncé la naissance de sa petite sœur, Bastien a réagi en éclatant de rire. **Cela** a surpris tout le monde car personne ne l'avait jamais vu rire.

c. Toute l'équipe du film est arrivée ce matin dans le village pour tourner un documentaire. **Cela** devrait durer une semaine.

d. Paul a décidé de construire lui-même sa maison. **Cela** va lui demander beaucoup de temps et d'énergie.

e. Mélissa s'entraine à la marche rapide tous les jours. **Cela** l'aide à rester en bonne santé à plus de 70 ans.

• Classe les noms trouvés selon leur suffixe, comme dans l'exemple.

Verbe	Nom de la même famille lexicale		
	-tion	-age	-ment
se renseigner			un renseignement

Pour s'entrainer

• Transforme les verbes de la liste en noms, en t'aidant des suffixes en rose.
• Puis complète les phrases avec les noms trouvés.

1

-tion, -ment, -age

Les espoirs de Djamila, étudiante en environnement

Trop de _____ menace l'avenir de la Terre, sans compter l'_____ des ressources en eau. Je souhaiterais travailler plus tard dans le _____ et le _____ de l'eau. J'ai même déjà choisi une _____ : le _____ de l'eau de mer, pour la transformer en eau potable.

dessaler
recycler
polluer
spécialiser
épuiser
traiter

Je transforme **les verbes en noms**

- **Transforme les verbes de la liste en noms, en t'aidant des suffixes en rose.**
- **Puis complète les phrases avec les noms trouvés.**

2

-tion, -ment, -age

Le cauchemar de Michèle, gestionnaire d'une cantine scolaire

Ce matin-là, le ____ est arrivé en retard. Les fruits et légumes étaient dans un état de pourrissement avancé. Les dates de fin de ____ des boites de conserve étaient dépassées. Tout l'____ de la cuisine est tombé en panne. On n'a pu échapper à la ____ de tous les produits congelés. J'étais catastrophée par tout ce ____ de nourriture !

ravitailler
consommer
équiper
gaspiller
décongeler

3

-tion, -ment, -age

L'histoire extraordinaire de Jeanne Barret, exploratrice

C'était l'époque des grandes ____ de par le monde. Mon ami botaniste Commerson allait faire partie d'une grande expédition, dont l'une des missions était l'____ du Pacifique. Je voulais moi aussi connaitre l'____ des découvertes. Mais ____ pour les femmes d'embarquer sur des bateaux ! Sans hésitation, j'ai enfilé un ____ d'homme. Il a fallu plus d'un an à l'____ pour découvrir la supercherie. Mais il était trop tard : j'avais réussi ! Et le roi m'a même récompensée pour ma ____ à l'avancée des sciences.

naviguer
explorer
s'émerveiller
interdire
déguiser
équiper
participer

4

-tion, -ment, -age

Le témoignage de Titine, vieille voiture

Nous venions de quitter la ville. Mon propriétaire était en train de doubler une voiture, quand, en pleine ____, j'ai senti en moi d'inquiétantes ____. Mon propriétaire a freiné brusquement. Mon moteur s'est soudain arrêté et je me suis retrouvée en ____ obligé sur le bord de la route.
Le camion de ____ m'a embarquée.
Et me voilà au ____ !
J'attends patiemment une ____.
Mais comme je suis vieille, je crains ma ____.
Triste fin pour une voiture de collection !

accélérer
vibrer
stationner
dépanner
garer
réparer
disparaitre

5

-tion, -ment

Un sujet toujours d'actualité

Olympe de Gouges a vécu au temps de la Révolution française. C'était une femme audacieuse. Elle a écrit la ________ des droits de la femme et de la citoyenne, pour que la femme soit l'égale de l'homme. Parmi ses propositions figuraient l'________ du divorce et la ________ de maternités. Mais à l'époque, ces ________ n'ont pas été acceptées. Il a fallu attendre le milieu du XXe siècle pour que de véritables ________ interviennent dans la vie des femmes. Encore aujourd'hui, la ________ de l'égalité parfaite entre hommes et femmes est inachevée.

innover
instaurer
déclarer
créer
réaliser
changer

6

-tion, -ment

Les droits de l'enfant

Le 20 novembre 1989, l'ONU, ________ des Nations unies, a voté un texte fondamental : la convention des droits de l'enfant, qui concerne ton ________, tes rapports avec les autres, tes devoirs... Par exemple, tu dois pouvoir aller à l'école, avec un ________ gratuit. Les droits sont les mêmes pour tous : il n'y a aucune ________ entre les enfants, quels que soient le pays, la couleur, la religion, l'origine, qu'ils soient riches ou pauvres, filles ou garçons. Si par malheur un pays est en guerre, toute ________ d'un enfant aux combats est interdite. L'________ de cette convention par les États les oblige à veiller à son ________ dans leur pays.

adopter
organiser
enseigner
éduquer
appliquer
discriminer
participer

Pour aller plus loin

- **Explique la différence entre ces paires de mots.**
- **Écris une phrase pour chacun d'eux.**

a. un branchement et un branchage
b. une arrivée et un arrivage
c. un blanchissage et un blanchiment
d. un gonflage et un gonflement
e. une privation et une privatisation
f. une éruption et une irruption
g. un abattage et un abattement
h. une prolongation et un prolongement

Je comprends **comment les mots sont fabriqués** (3)

Les familles de mots

Pour commencer

- **À partir du tableau suivant, forme les quatre verbes possibles et associe-les aux définitions proposées.**

préfixe	radical	suffixe
é- dé-	clair- clar-	-er -cir -ifier

a. ☐ : v. Faire savoir clairement, annoncer.
b. ☐ : v. Rendre plus clair, plus facile à comprendre.
c. ☐ : v. Rendre plus clair. *Contr.* Assombrir, obscurcir.
d. ☐ : v. Donner de la lumière.

Ces quatre verbes appartiennent à une seule famille de mots : laquelle ?

- **Dans les phrases suivantes, relève les mots de cette même famille et indique leur classe grammaticale. Puis établis la liste des préfixes et suffixes utilisés.**

a. C'est la première fois que l'on confiait au jeune soldat une mission d'éclaireur.
b. Elle a très clairement fait comprendre qu'elle ne voulait pas regarder ce documentaire.
c. Une clarification des étiquettes sur les poubelles jaunes et vertes m'aiderait à mieux trier mes déchets.
d. En cette journée de printemps peu ensoleillée, la famille a préféré la clarté de la clairière à l'ombre de la forêt pour piqueniquer.

Pour s'entrainer

Pour chaque mot en rouge, retrouve les mots de la même famille et utilise-les pour compléter les phrases.

Aide-toi des éléments proposés (radicaux, préfixes, suffixes).

1

gros

a. Émeline attend des jumeaux et sa ______ se passe bien.
b. Si vous voulez observer des oiseaux, je vous conseille des jumelles qui permettent un ______ de 10 fois.
c. La sculptrice commença par ______ son bloc de pierre de lave.
d. Alors qu'il s'était adressé à elle poliment, le jeune homme a été choqué par les mots ______ utilisés par la jeune fille.
e. Pour acheter ses produits frais, la cantine centrale s'adresse à des ______.

Pour t'aider
radical : -gross-
préfixe : **dé-**
suffixes : **-esse, -isse, -ir, -ier, -iste, -ment**

2 **sens**

> **Pour t'aider**
> radical : **-sens-**
> préfixes : **in-, hyper -**
> suffixes : **-iser, -té, -ment, -ible, -ibili-**

a. Ces deux amies inséparables ont ……… le même âge.
b. À cause de sa ………, la plante des pieds est un endroit idéal pour les chatouilles.
c. Jules est un enfant ……… : il se met à pleurer à la moindre contrariété.
d. Lorsque Norah l'a vu pour la première fois, Djilem l'a profondément agacée, mais elle n'est pas restée longtemps ……… aux charmes du jeune homme qui allait devenir son mari.
e. Les parents d'Éric ont cherché des endroits adaptés aux déplacements de leur fils en fauteuil roulant ; ils ont ……… les pouvoirs publics aux difficultés posées.

3 **ordre**

> **Pour t'aider**
> radical : **-ordonn-** ou **-ordin-**
> préfixes : **co-, extra-**
> suffixes : **-er, -aire, -ation, -ance**

a. Maman s'est fâchée et m'a ……… de ranger immédiatement ma chambre.
b. Pour utiliser ce médicament, une ……… est indispensable.
c. Le secret de la réussite de cette équipe de handball, c'est sa ……….
d. Il s'est promené dans un jardin ……… où des canards parlent anglais.
e. D'………, Papa me raconte toujours une histoire avant que je m'endorme.

4 **centre**

> **Pour t'aider**
> radical : **-centr-**
> préfixes : **dé-, re-, con-**
> suffixes : **-er, -ation, -ale, -age**

a. Pour être mieux mis en évidence, les titres sont ……… au milieu de la ligne.
b. Sans ………, vous n'arriverez pas à résoudre cet exercice.
c. Ève est tellement absorbée par son jeu vidéo que rien ni personne ne peut la ……….
d. Après un ……… du ballon en milieu de terrain, Karen a marqué le but décisif pour son équipe.
e. Une ……… solaire est un système de production d'électricité qui utilise l'énergie solaire.

Pour aller plus loin

Le mot « anticonstitutionnellement » est traditionnellement considéré, avec ses 25 lettres, comme le plus long de la langue française.

À quelle famille de mots appartient-il ? Trouve le plus de mots possibles faisant partie de cette même famille.

A N T I C O N S T I T U T I O N N E L L E M E N T

J'utilise **des mots de sens contraire**

Les antonymes

Pour commencer

- **Lis ces mots.**

léger | s'enrichir | lourd | pauvre | légèreté | pauvreté

alourdir | richesse | s'appauvrir | alléger | lourdeur

- **Des élèves ont commencé à classer ces mots dans deux tableaux. Continue leur travail.**

riche, adj.	pauvre, adj.
s'enrichir, v.	…
…	…

lourd, adj.	…
…	…
…	…

Quelle règle faut-il respecter quand on cherche le contraire d'un mot ?

- **Dans chaque texte, trouve le mot de la famille de sec et repère son contraire.**

a. En rentrant ce soir, une grosse averse m'a surprise et a mouillé mes cheveux. Je vais les sécher avant de me coucher.

b. Cet employé n'était pas très serviable, il a répondu plutôt sèchement à mes questions. L'autre jour, j'avais eu plus de chance, car son collègue m'avait renseigné plus aimablement.

c. Les fleurs sèches permettent de conserver de beaux bouquets pendant l'hiver. Elles durent bien sûr plus longtemps que les fleurs fraiches.

Ces contraires sont-ils de la même famille ?

Pour s'entrainer

sur ton cahier
n°1 p. 60
a. hériter – déshériter : verbes.

- **Trouve le mot caché : c'est le contraire d'un des mots de la phrase.**
- **Écris les deux mots de sens contraire et précise leur classe grammaticale : nom, verbe, adjectif ou mot invariable.**

1

a. Le roi s'était disputé avec ses enfants. Il avait décidé que la princesse devait ______ de tous ses biens, mais il avait déshérité ses fils.

b. Le nouveau mécanicien est encore inexpérimenté, il demande conseil à ses collègues qui sont plus ______.

c. Je suis capable de nager sur cinquante mètres, mais je demeure ______ de traverser la Manche à la nage !

d. Ils ont joué l'un contre l'autre, leur match a duré des heures. Résultat : le plus fort ______, l'autre a perdu !

2

a. Je croyais que cette leçon était … à apprendre, mais en fait, elle est plus difficile que prévu !

b. Mes deux chiots n'ont pas du tout le même caractère : le premier ne tient pas en place, fait plein de bêtises et se montre très désobéissant ; l'autre est plus calme, plus affectueux et très … .

c. Le stade est proche de ma maison, j'y vais à pied. Je dois prendre le bus pour aller au gymnase qui est … de chez moi.

d. Avant les vacances, je n'avais pas trop envie d'aller chez ma tante, que je ne connaissais presque pas. … ces deux semaines passées chez elle, j'espère y retourner souvent.

e. C'est désagréable de t'entendre te plaindre sans cesse... C'est tellement plus … lorsque tu nous parles d'autre chose !

3

a. Le gratin a brulé, la pièce est enfumée : ouvrons vite la fenêtre et … le four pour arrêter cette fumée !

b. Je vais souvent chez Lucile, qui est ma meilleure amie. Je vais plus … chez Léa, que je connais moins bien.

c. Le maitre m'a demandé d'être plus attentif en classe : je suis tellement … que je ne sais jamais ce que je dois faire !

d. À la question que je te pose, j'attends une réponse … : ne reste pas trop vague !

d. Tu es énervante, à allumer et … la lampe sans arrêt : l'ampoule va finir par claquer !

4

a. « Excusez-moi, maitresse, mais j'ai malheureusement oublié mon cartable.
– … que tu n'as pas oublié ta tête ! »

b. Je trouve Quentin très …, alors que sa petite sœur, au contraire, est très polie.

c. Ton écriture devient complètement illisible ! Fais un effort pour former des lettres … !

d. La voiture est bloquée entre deux camions : mon père essaie d'avancer et de …, mais il a beau faire, il ne peut pas sortir du parking.

e. J'ai réussi à démonter ce jouet, mais je ne sais pas si je saurai le … !

Pour aller plus loin

Observe et complète ces tableaux. Au besoin, utilise ton dictionnaire.

petit, adj.	…, adj.
…	**grandeur,** …
rapetisser, …	…
…	**grandement,** …

beau, …	…
…	**laideur,** …
embellir, …	…
…	**enlaidissement,** …

Je comprends
le sens d'un mot inconnu

Pour commencer

- **Lis le texte : des élèves ont encadré un mot qu'ils ne connaissaient pas ; ils en ont souligné d'autres qui leur ont servi d'indices pour comprendre ce mot.**

Au petit jour, le brick se mit à frémir : le vent se levait, les voiles se gonflaient, encore paresseusement, mais elles gonflaient. Lentement, il se mit à avancer sur les flots qui semblaient se réveiller de leur trop long sommeil. L'équipage se précipita à la manœuvre pour l'arracher à l'élément liquide où l'absence de souffle et de courant l'avait comme cloué sur place.

- **Ensuite, on leur a proposé plusieurs sens pour le mot inconnu :**

un moulin	un bateau de pêche	un matériau de construction	
un bateau	une éolienne	un bateau à voiles	une galette

- **Plusieurs réponses sont possibles. Mais parmi elles, une seule est bien précise. Trouve laquelle.**

Pour s'entrainer

sur ton cahier
n°1 p. 62
Mes indices :
Ma définition :

Cherche les indices qui t'aident à comprendre le mot en violet.

1 Tout allait mal ce matin-là : on n'avait pas livré au patron les matériaux qu'il attendait, plusieurs machines étaient tombées en panne et son meilleur ouvrier était malade. Il fallait rattraper d'urgence le retard dans les livraisons. Le visage sombre, il tournait en rond dans l'atelier comme un ours en cage. On l'entendait en permanence ronchonner, **maugréer** comme s'il mâchait des reproches incompréhensibles.

Pour t'aider
- dire du mal
- marmonner des paroles désagréables
- insulter
- avoir mal
- chantonner
- chuchoter

2 C'était l'homme le plus étrange et le plus inquiétant que j'aie jamais vu : à tout moment, il se lançait dans de folles **diatribes**. Lundi, il affirmait que j'avais mis du poison dans son café et que j'étais de la graine d'assassin. Mercredi, il prétendait que j'avais l'air d'un braqueur de banques. Et mardi ? Mardi, il ne m'avait pas vu… C'était parce que, disait-il, j'étais parti cacher mon butin en Suisse ! Tous les jours, c'était la même chanson !

Pour t'aider
- préparations
- déclarations
- annulations
- recommandations
- accusations violentes
- précautions

3

On aurait dit que le prince Romuald n'avait jamais appris à compter. Tout ce qu'il désirait, il l'achetait. Vêtements, parfums, chaussures, bijoux… rien n'était trop beau ni trop cher pour lui. Il achetait, il achetait en permanence comme si sa bourse n'avait pas de limite.
Le roi, son père, lui reprochait d'être trop **prodigue**, mais rien n'y faisait. Il était sourd aux reproches et l'argent coulait à flots.

Pour t'aider
gentil
provocateur
avare
dépensier
organisé
brillant

4

Le père Gudule se grattait la tête : impossible d'accéder à son garage ! Ici un tas de sable abandonné, plus loin des planches déposées en vrac à côté de briques et de pierres éparpillées, ailleurs quelques vieux appareils ménagers oubliés et en train de rouiller. Ajoutez à cela la tempête de la nuit qui avait jeté de lourdes branches cassées au sol. Une seule solution : faire **désobstruer** le chemin.

Pour t'aider
déménager
réparer
éclaircir
débarrasser
changer
déclarer

5

Je n'ai jamais connu quelqu'un d'aussi **flegmatique** que Théodule. Quoi qu'il arrive, son visage ne montrait aucune émotion. La foudre aurait pu tomber à ses pieds, il n'aurait pas bougé d'un pouce. Si on lui disait de se montrer plus énergique, il ne répondait pas. Quand, parfois, on finissait par s'énerver devant son manque total de réaction, il se contentait de sourire ! Quel drôle de zouave, ce Théodule !

Pour t'aider
énervé
fatigué
sourd
aveugle
paresseux
très calme

Pour aller plus loin

- **Lis ce texte : deux mots difficiles sont en bleu.**
- **Trouve leur définition en t'aidant des indices du texte.**

« Mon chien, explique Frédéric, est énorme. Lorsqu'on le voit, on imagine avoir affaire à un véritable monstre. Mais quelle erreur ! C'est un vrai pleutre : la semaine dernière, il s'est caché en gémissant à la vue d'une souris. Même la moindre mouche qui volète autour de lui le terrorise.
– Le mien, raconte Émilie, est tout petit. Il passerait presque inaperçu. Mais il suffit qu'un autre animal apparaisse pour qu'il se mette en colère. Alors, il saute, il aboie en bavant, il court dans tous les sens en sortant ses crocs avec la gueule grande ouverte. C'est une véritable métamorphose ! »

J'utilise **avec aisance des synonymes**

Pour commencer

- **Dans ces phrases, remplace l'adjectif bon ou son superlatif très bon par un synonyme.**
- **Classe-les ensuite dans le tableau.**

a. Cette pâtisserie propose de **très bons** desserts, si bien que toute la ville s'y presse.

b. Aux heures de pointe, en voiture, il vaut mieux connaitre un **bon** itinéraire pour éviter les bouchons.

c. Tous les critiques jugent ce jeune musicien **très bon** : comme Mozart, il avait déjà composé des morceaux dès l'âge de cinq ans.

d. Lola propose toujours les **bons** résultats lors des séances de calcul mental.

e. Marie est passionnée de cinéma. Ce soir, elle ne peut contenir sa joie car elle a vu un **très bon** film, le meilleur peut-être qu'elle ait jamais vu.

efficace
doué
délicieux
succulent
excellent
génial
mémorable
exact
extraordinaire

Synonymes de « bon »	Synonymes de « très bon »

Pour s'entrainer

Dans ces phrases, remplace les mots en violet par un synonyme. Choisis chaque mot une seule fois.

1

a. Chaque fois que Clément devait prendre la parole en public, il éprouvait une **légère peur**, sans qu'il sache vraiment pourquoi.

b. « Tu m'as fait une de ces **peurs** ! Je ne t'ai pas reconnue avec ton masque de sorcière ! »

c. Les films et les jeux vidéo nous habituent à ne pas nous inquiéter des créatures monstrueuses qui sont censées répandre **une immense peur incontrôlable**.

d. Alors qu'elles sont inoffensives, voire très utiles dans les maisons, les araignées provoquent des réactions de **terrible peur** chez certaines personnes.

appréhension
panique
épouvante
frayeur

2

a. Méfie-toi de cet homme qui parait très aimable : en fait, c'est un homme **mauvais**.
b. Paul avait si peu confiance en lui que, même s'il connaissait parfaitement ses tables de multiplication, il écrivait souvent de **mauvaises** réponses.
c. Il se dégage de cette usine une **très mauvaise** odeur.
d. « Les enfants, s'il vous plait, faites un peu moins de bruit : j'ai passé une **très mauvaise** journée au travail. »

nauséabond
inexact
malveillant
épouvantable

3

a. Blanche-Neige et Cendrillon **ne sont pas du tout aimées** par leur belle-mère.
b. Je **n'aime vraiment pas** voir gaspiller la nourriture, alors que tant de personnes souffrent de la faim.
c. Connaissez-vous beaucoup de couples qui s'**aiment passionnément** ?
d. Même si je ne la connais pas beaucoup, j'**aime** cette personne car elle est sincère et honnête.

détester
adorer
haïr
apprécier

4

a. J'ai du mal à me concentrer pour apprendre mes leçons, car ma petite sœur ne peut pas s'empêcher de **parler fort** quand elle joue.
b. À la fin de son procès, l'accusé continuait à nier les faits qui lui étaient reprochés et **disait haut et fort** son innocence.
c. Les mamans aiment souvent **dire très doucement** des mots doux à leur bébé.
d. Je n'ai plus de voix aujourd'hui : hier, je suis allée à un concert et j'ai **crié très fort**.

hurler
murmurer
clamer
crier

5

a. Cette architecte aime concevoir des maisons avec des pièces **très claires**.
b. Cette cantatrice est réputée pour sa voix **très claire**.
c. Dans cet écomusée, les explications concernant la vie des habitants de l'ile, il y a un siècle, sont vraiment **claires**.
d. Les eaux de ce lac de montagne sont si **claires** que l'on peut facilement observer toute sa faune et sa flore.

cristalline
limpide
compréhensible
lumineuse

J'utilise **avec aisance des synonymes**

Dans ces phrases, remplace les mots en violet par un synonyme. Choisis chaque mot une seule fois.

6

a. Généralement, dans la vie d'un être humain, le jour du mariage est considéré comme un **très grand** jour.
b. Je ne te conseille pas de sortir en voilier par **très grand** vent.
c. Ils ont fait construire une **grande** maison pour accueillir tous leurs amis.
d. Ce film a rencontré un **très grand** succès à travers le monde.

vaste
immense
violent
exceptionnel

7

a. Adrien devait prendre une décision **difficile** : s'éloigner de sa fiancée pour accepter un travail à trois cents kilomètres de là.
b. Elle aimait son mari, mais au fil des années, le caractère de son époux était devenu de plus en plus **difficile**.
c. Guy avait exercé beaucoup de métiers dans le bâtiment et ne s'en était jamais plaint. Pourtant, le travail y était parfois **extrêmement difficile**.

insupportable
douloureuse
harassant

Pour aller plus loin

Des scientifiques ont écrit un livre qui raconte leur expédition au pôle Nord. En voici quelques extraits :

Lorsque notre bateau s'est retrouvé pris dans les glaces, nous avons vécu des moments très éprouvants.

Résister au froid devenait pénible.

La situation devenait de plus en plus compliquée.

Nous savions qu'il s'agissait d'une marche périlleuse.

Les mots en bleu font partie des synonymes qui, dans leur texte, ont servi à éviter la répétition d'un seul et même mot. Quel est ce mot ? Trouve-le dans la liste suivante.

décourageant | passionnant | ennuyeux | difficile | mauvais | effrayant

Je distingue
les différents sens d'un verbe

Pour commencer

• **Complète les phrases suivantes en choisissant l'une des constructions du verbe parler.**

a. Ernest est déçu : lui qui avait une idée extraordinaire à proposer, personne ne l'écoute. C'est comme s'il ____.

b. Ce matin, en sortant du métro, Laura, jeune diplômée, est très émue. Elle n'est pas venue en touriste à Paris, mais pour ____. Sera-t-elle à la hauteur ?

c. « Allô, chéri, je te dérange ? Non ? Ça y est, Yacine ____. Tu te rends compte, il a dit "papa"… Tu es son premier mot. »

d. Je me sens obligé de ____ : il est très âgé et vit seul. Quand je sors de chez moi, inévitablement, il me ____. Il est intarissable sur le sujet !

e. Il aura beau clamer son innocence, il aura bien du mal à prouver sa bonne foi : son complice ____.

f. Pour répondre à cette offre d'emploi, il est nécessaire de ____.

parler
parler espagnol
parler affaires
parler aux murs
parler à son voisin
parler de sa santé

• **Associe chaque construction du verbe parler à sa définition.**

Ne pas être écouté.	Avouer.
Négocier.	S'entretenir sur.
S'exprimer dans une langue.	Adresser la parole à.
Articuler des paroles.	

Pour s'entrainer

Dans ce texte, les verbes en violet remplacent tous les verbes en rose. Récris les phrases concernées avec le verbe en rose suivi de la construction qui convient.

1

compter

Aline **fait partie des** meilleurs spécialistes mondiaux en vulcanologie. Elle parcourt le monde entier et, partout où une éruption exceptionnelle se produit, on **fait confiance à** la qualité de son expertise. Difficile **d'énumérer** tous les pays qu'elle a traversés, tant ils sont nombreux ! Une seule chose **a de l'importance pour** elle : la passion de son métier.

Pour t'aider
compter
compter pour
compter parmi
compter sur

Je distingue **les différents sens d'un verbe**

Dans ce texte, les verbes en violet remplacent tous les verbes en rose. Récris les phrases concernées avec le verbe en rose suivi de la construction qui convient.

2

vivre

Aujourd'hui est un grand jour pour M. et Mme Hoarau : Quentin, le dernier de leurs quatre fils, quitte la maison pour voler de ses propres ailes. Jusqu'à présent, ils **se sont consacrés à** leurs enfants, et n'ont guère pensé à leur propre bonheur. Soudain, ils se sourient : peut-être serait-il temps de **réaliser** le rêve de leur jeunesse ? C'est décidé : eux qui **habitent à** la campagne, ils partiront pour un long voyage au bord de la mer. Ils verront du pays et pourront même **gagner leur vie avec** la pêche, qui sait ?

Pour t'aider
- vivre quelque chose
- vivre pour
- vivre de
- vivre à

3

jouer

J'étais en train de **me divertir à** la console avec mon copain Arthur quand j'ai entendu mon grand frère se mettre en colère au téléphone. « Noé, disait-il, arrête de **faire semblant** : en fait, avec tes copains, tu **te moques de moi** ! Et dire que je croyais que tu étais mon meilleur ami ! Si tu continues, vraiment, tu **prends des risques** : tu ne seras plus mon pote ! »

Pour t'aider
- jouer avec le feu
- jouer à
- se jouer de quelqu'un
- jouer la comédie

4

manger

Cet homme avait été riche, mais il avait dilapidé tout son héritage. À présent, il errait dans les rues de la ville et **regardait avidement** tous les passants. Il les enviait de ne pas penser à la nourriture, parce qu'ils **étaient rassasiés**. Depuis combien de temps n'avait-il pas lui-même **fait un repas** ? Décidément, il **vivait une période difficile**.

Pour t'aider
- manger
- manger à sa faim
- manger des yeux quelqu'un
- manger de la vache enragée

Pour aller plus loin

En t'aidant du dictionnaire, trouve ce que signifient les reproches de Thomas à son ami.

Thomas me dit souvent :
« Tu pousses », et pourtant je ne grandis pas.
« Tu me fais marcher », et pourtant nous sommes immobiles.
« Tu cherches la petite bête », et pourtant je n'ai pas d'animaux.

Je sais utiliser **des termes génériques ou spécifiques**

Pour commencer

- **Dans les courts paragraphes suivants, un mot a été effacé. Il s'agit du même mot pour toutes les phrases. Quel est-il ?**

a. Dans les contes traditionnels, le ______ inspire la peur. Pourtant, chez certains auteurs pour la jeunesse, ce ______ devient souvent sympathique.

b. Le ______ se nourrit d'animaux capturés vivants. C'est pourquoi ce ______ inquiète parfois les bergers, qui doivent bien surveiller leurs troupeaux de moutons.

c. En France, les ______, qu'on avait exterminés dans les années 1930, sont à nouveau observés dans plusieurs régions de montagne. Actuellement, dans de nombreux pays, le ______ est protégé.

d. Certains ______ ont été domestiqués au cours de l'histoire, et sont devenus des chiens. Mais la plupart restent des ______ sauvages.

e. Les portées de la femelle du ______ comptent de un à sept petits, qu'elle allaite. Mais, dans certaines circonstances, ces ______ peuvent avoir jusqu'à onze louveteaux par portée.

animal
mammifère
prédateur
personnage
espèce

Attention ! parfois il faut modifier un peu la phrase (accords...).

- **Dans chaque paragraphe, le mot mystère apparait deux fois. Évite cette répétition en puisant, dans la liste, le nom générique qui te semble le plus approprié. Tu ne peux utiliser chaque mot qu'une seule fois.**

Pour s'entrainer

sur ton cahier

n°1 p. 69
Nom générique : eau
a. un océan...
e. Je suis de l'eau qui tombe des nuages sous forme de gouttes. Qui suis-je ?

- **Dans les devinettes suivantes, quel est le terme générique répété ?**
- **Réponds aux devinettes avec le terme de la liste qui te semble le plus adapté. Deux mots ne seront pas utilisés. Ce sera à toi de créer une devinette pour les faire trouver.**

1

a. Je suis une vaste étendue du globe terrestre couverte par l'eau de mer. ***Qui suis-je ?***

b. Je suis une chute d'eau qui peut être naturelle ou artificielle. ***Qui suis-je ?***

c. Je suis un cours d'eau qui se jette dans la mer. ***Qui suis-je ?***

d. On me trouve en montagne, et mon eau coule de façon rapide et irrégulière. ***Qui suis-je ?***

fleuve
pluie
étang
torrent
océan
cascade

Je sais utiliser **des termes génériques ou spécifiques**

- **Dans les devinettes suivantes, quel est le terme générique répété ?**
- **Réponds aux devinettes avec le terme de la liste qui te semble le plus adapté. Deux mots ne seront pas utilisés. Ce sera à toi de créer une devinette pour les faire trouver.**

2

a. On me définit souvent comme un vent léger rafraichissant. Selon les moments de la journée, je suis un phénomène météorologique qui souffle de la mer ou de la terre, de la montagne ou de la vallée. ***Qui suis-je ?***

b. Caractéristique des régions tropicales, je suis un phénomène météorologique qui, dans certaines conditions, peut devenir très dévastateur. J'ai un œil trompeur. ***Qui suis-je ?***

c. Phénomène météorologique lié à la présence simultanée de la pluie et du soleil, je suis composé de six couleurs. ***Qui suis-je ?***

d. Nuage à proximité du sol, j'empêche une bonne visibilité, si bien que je suis un phénomène météorologique redouté des automobilistes. ***Qui suis-je ?***

neige
brouillard
cyclone
arc-en-ciel
brise
orage

3

a. Je suis un évènement politique important dans un pays démocratique. Je permets aux citoyens d'exprimer des choix par l'intermédiaire d'un vote. ***Qui suis-je ?***

b. Je suis un évènement subit qui peut entrainer d'importantes destructions, de nombreux morts. ***Qui suis-je ?***

c. Je suis un évènement que tout le monde a vécu au début de sa vie. ***Qui suis-je ?***

d. Je suis un évènement qui rassemble sur la voie publique des personnes qui veulent exprimer publiquement une opinion, une revendication. ***Qui suis-je ?***

catastrophe
manifestation
éruption
naissance
élection
mariage

Pour aller plus loin

Pour chaque mot en couleur, sélectionne les termes génériques qui lui correspondent et écris-les dans l'ordre, du plus précis au plus général.

Exemple : la cerise → un fruit, un fruit → un aliment.

outil	légume	vertébré	plante	cerise
aliment	animal	**perceuse**	mammifère	**pomme de terre**
éléphant	objet	tubercule	arme	être vivant
fruit	**golden**	**poireau**	**bouclier**	**pomme**

Je comprends **comment les mots sont fabriqués** (4)

Les adverbes en -ment

Pour commencer

Une classe de CM2 a commencé une collection de familles lexicales. Observe leur travail.

ralentir
lenteur
ralentissement
lent
ralenti
lentement

nerf
nerveux
nervosité
nerveusement
s'énerver
énervement

régulier
irrégulier
régulièrement
règle
règlement
réglementaire

doucement
douceur
doux
s'adoucir
adoucissant
adoucissement

– Dans chacune des familles, un mot est invariable. Lequel ? Relève ce mot dans ton cahier.
– Peux-tu expliquer la règle précise qui permet de fabriquer ces mots invariables ? Un autre mot de chaque liste t'aidera à trouver la solution.

Pour s'entrainer

Dans ces courts textes, remplace les mots en violet par un adverbe en -ment de même sens. L'ordre des mots peut changer.

1

Dans les jours prochains,
de façon exceptionnelle, devant vos écrans :
vous pleurerez, **en secret**.
Vous aurez peur, **de manière terrible**.
Vous rirez, **avec nervosité**.
Vous tremblerez **de manière subite**.
Je vous le dis **avec franchise** :
éteignez **par votre propre volonté** tous vos écrans !

2

Elles entrent en scène, **très courageuses**.
Elles dansent, **avec légèreté**.
Tout semble se passer **avec naturel**.
Pourtant, **avec beaucoup de sérieux**,
elles se sont entrainées,
et c'est **avec logique**,
qu'on les applaudit, **avec vigueur**.

Je comprends **comment les mots sont fabriqués** (4)

Les adverbes en -ment

Dans ces courts textes, remplace les mots en violet par un adverbe en -ment de même sens. L'ordre des mots peut changer.

3

Nous sommes assis sur le même banc, **tranquilles**.
Nous nous regardons **de façon attentive**,
nous nous adressons la parole, **avec timidité**.
Nous nous rapprochons l'un de l'autre, **avec lenteur**.
Puis nous parlons pendant une bonne heure, **en toute amitié**.
Il est temps de nous quitter, **c'est indiscutable** !
Mais nous nous reverrons, **c'est probable**.
Alors nous repartons, **tout joyeux**.

4

Tu mens **de façon systématique**.
Tu te fâches **avec régularité**.
Tu voles **sans te lasser**.
Tu te bats **de manière sauvage**.
Bref, tu te conduis **de façon lamentable**.
Et ceci toujours **en public**.
On t'a reconnu **avec facilité** :
tu es le méchant du spectacle.

5

Il est arrivé **en silence**.
Il m'a saluée **d'un air majestueux**.
Il m'a regardée **avec calme**.
Il m'a parlé **longtemps**,
en termes chaleureux,
comme s'il me connaissait
à la perfection.
Puis il a disparu
de façon soudaine, **mystérieuse**.

6

J'étais en retard : je me suis levé et préparé **avec difficulté**.
J'ai descendu les quatre étages **avec une rapidité extrême**.
Dans la rue, on regardait mes jambes **d'un air bizarre**.
On riait même de moi **de façon visible**.
J'ai alors compris **de manière immédiate** :
j'avais oublié, **de façon stupide**, d'enfiler mon pantalon.

Pour aller plus loin

En t'aidant de la liste des adverbes en -ment ci-dessous, écris le plus de phrases possible qui peuvent remplacer les paroles de Cléo, sans en changer le sens.

franchement	vraiment	assurément	sacrément
nullement	absolument	aucunement	

« Tu as tout à fait raison. »
« Tu n'as pas du tout tort. »

J'utilise **le contexte pour trouver le sens d'une expression au sens figuré**

Pour commencer

Dans ces paragraphes, des expressions formées avec le même mot sont utilisées au sens figuré.
Relève chacune de ces expressions et donne son sens d'après le contexte.

a. Mon père a commencé sa collection de timbres à l'âge de dix ans. Il possède une cinquantaine d'albums contenant des timbres très anciens et très précieux. Il y tient comme à la prunelle de ses yeux et ne veut surtout pas qu'on approche du meuble où il les range.

b. Sonia regarda d'un air amusé l'assiette de dessert à moitié pleine que son ami laissait devant lui.
– Je suis désolé, lui dit-il, c'est excellent, mais je n'arrive pas à finir : j'ai eu les yeux plus gros que le ventre.

c. « Comment, tu n'as rien remarqué ? demande Cécile à son amie. Tu n'as pas vu comme il cherche toujours à te parler et comme il te fait les yeux doux ? C'est évident, voyons, ça crève les yeux, il est amoureux de toi ! »

d. « Le moins qu'on puisse dire, c'est que vous n'avez pas froid aux yeux, Mademoiselle : oser pénétrer sans rendez-vous dans mon bureau et me demander de vous embaucher parce que vous vous estimez la meilleure ! Voyons un peu vos créations ! »

Pour s'entrainer

- **Trouve l'expression identique employée dans les deux paragraphes, une fois au sens propre, l'autre fois au sens figuré.**
- **Donne le sens de l'expression utilisée au sens figuré et invente une phrase où tu utilises cette expression.**

1

ⓐ • La lapidation est un châtiment terrible qui existait dans l'antiquité et qui est toujours d'actualité dans certains pays : il s'agit de jeter des pierres à une personne pour la blesser ou la tuer.
• Lui jeter la pierre ne sert à rien : il a fait cette bêtise parce qu'il est très malheureux, et il a plus besoin d'aide que d'autre chose.

ⓑ • Son projet d'ouvrir un restaurant au bord de l'océan est tombé à l'eau, faute d'autorisations.
• Lucie a glissé et est tombée à l'eau tout habillée. Heureusement, elle savait nager !

J'utilise **le contexte pour trouver le sens d'une expression au sens figuré**

- **Trouve l'expression identique employée dans les deux paragraphes, une fois au sens propre, l'autre fois au sens figuré.**
- **Donne le sens de l'expression utilisée au sens figuré et invente une phrase où tu utilises cette expression.**

2

ⓐ • David démoula le biscuit, étala une couche de chocolat fondu, puis saupoudra de sucre glace avant de poser une cerise sur le gâteau d'anniversaire.

• J'ai trouvé le camping idéal pour les vacances : tout près de la mer, dans un endroit très calme, avec des jeux pour les enfants, et, cerise sur le gâteau, une piscine avec toboggan !

ⓑ • La première nuit que Laurence a passé dans son nouvel appartement près de la gare, elle ne pouvait pas s'endormir. Elle a réussi à fermer les yeux seulement vers quatre heures du matin.

• Tu m'as désobéi François, et je suis vraiment déçu ! Je pourrais te punir sévèrement, mais je suis prêt à fermer les yeux, si tu me promets de ne plus recommencer.

3

ⓐ • Une pierre vient de tomber de la falaise sur la route, juste devant la voiture : pour un peu, c'était l'accident ; j'ai eu chaud !

• Quand je suis allée à l'ile de La Réunion, c'était l'hiver austral, mais comme j'étais dans un pays tropical, j'ai eu chaud.

ⓑ • Le personnage principal de ce roman est toujours dans les nuages. Il est si distrait qu'il lui arrive plein de mésaventures, toutes plus drôles les unes que les autres.

• Le parapente te permet de voler sans moteur, mais tu n'as pas le droit d'être dans les nuages, car tu ne peux plus naviguer à vue.

4

ⓐ • Mélissa travaille dans une entreprise qui vient d'annoncer une réduction de personnel, si bien qu'elle craint d'être licenciée et de rester sur le carreau.

• Quand te décideras-tu à ranger tes chaussures qui restent sur le carreau du salon depuis une semaine ?

ⓑ • Maman, maman, viens voir : dans la cuisine, il y a un drôle d'insecte qui s'est noyé dans un verre d'eau !

• Je m'inquiète pour ma fille : elle n'a pas confiance en elle et panique à la moindre difficulté. Même si ce que je lui demande est très facile, elle se noie dans un verre d'eau.

5

ⓐ • La mère poule du voisin a pénétré dans mon jardin et gratte le sol pour nourrir ses poussins qui la suivent de près.

• Nos enfants ont grandi : maintenant, ils ont besoin d'espace, de liberté ! Il serait temps que tu sois un peu moins mère poule, tu ne crois pas ?

ⓑ • Avec un voilier, franchir un cap nécessite souvent des manœuvres délicates.

• Quand on devient étudiant, on quitte souvent le domicile familial pour s'installer dans une ville universitaire. Il est parfois difficile de franchir ce cap qui mène à une vie d'adulte.

6

ⓐ • Pour des raisons d'hygiène, il vaut mieux se laver les mains avant et après manger.

• Je t'ai déjà demandé de mettre la musique moins fort. Mais tu ne veux rien entendre ! Si tu as des soucis avec les voisins, je m'en lave les mains.

ⓑ • Cette fois-ci, Minette avait largement dépassé les bornes : elle était montée sur la table et avait dérobé toutes les saucisses.

• C'est formidable ma chérie : quand ta mère aura dépassé les bornes que tu vois là-bas, il ne lui restera plus que le dernier kilomètre du marathon à parcourir.

Pour aller plus loin

Le texte suivant comprend onze expressions de sens figuré, inspirées par le monde des oiseaux. Récris le texte en faisant disparaitre ces expressions, mais en gardant le sens.

Pour t'aider

nier	attaquer
faire taire	très froid
dispute	s'insulter
se faire avoir	se pavaner
froussard	être perdant
personnage étrange	

Ce matin, quand je suis sorti de chez moi, il faisait un froid de canard.
Je marchais tranquillement dans la rue quand j'ai assisté à une prise de bec entre deux hommes, qui se donnaient des noms d'oiseaux.

– Tu es une vraie poule mouillée, tu n'oseras jamais lui parler ! s'énervait l'un.

– Arrête de faire le paon ! répliquait l'autre. Dans cette affaire, nous sommes tous les deux des pigeons, et tu y as laissé des plumes autant que moi. Ce n'est pas la peine de faire l'autruche.

Je n'ai pas bien compris ce dont il s'agissait, mais une chose est sure : le premier voulait voler dans les plumes de l'autre, mais ce dernier lui a bel et bien cloué le bec. Ces deux-là, quels drôles d'oiseaux !

Je maitrise **la ponctuation**

Pour commencer

• **Associe chaque phrase à l'illustration correspondante, puis ajoute la ponctuation manquante.**

A

B

C

D

1. Est-ce que c'est bon, cher monsieur
2. Découvrez le plaisir de marcher sur l'eau
3. Quelles chaussures choisir
4. Qu'est-ce que c'est bon

Quelles sont les phrases qui posent une question ? Quelles sont celles qui expriment une émotion (la surprise, la joie, par exemple) ?

• **Liste les différences et les ressemblances que tu remarques entre ces phrases.**

• **Lis ces dialogues avec ton voisin ou ta voisine, puis rétablis leur ponctuation.**

« Quel métier veux-tu faire plus tard
– Chasseur de cauchemars
– Quel drôle de métier
Tu es sûr qu'il existe
– Ne t'inquiète pas
S'il n'existe pas,
je l'inventerai »

« Quelle heure est-il
– Il est dix heures moins le quart
– Dix heures moins le quart Déjà Zut, je suis en retard Je vais rater mon bus
– Alors ne perds pas de temps Cours, dépêche-toi »

« Viens voir J'ai trouvé de l'or
– De l'or
– Oui, de l'or
– Youpi Nous sommes riches
– Pas si vite JE suis riche
– Moi qui croyais qu'on était de vrais amis »

Pour s'entrainer

Rétablis la ponctuation manquante dans le texte.

1

La vieille dame inspecta attentivement la lettre L'écriture familière lui sauta aux yeux Eh quoi Comment cela se pouvait-il Une lettre de sa mère Et qui lui arrivait par-delà le temps Elle s'attarda sur le dos de l'enveloppe Ah, la belle écriture Sans aucun doute possible, c'était bien la belle écriture de sa maman Elle caressa du bout de ses doigts ridés les trois lignes de cette adresse où elle avait passé les plus belles années de sa jeunesse L'incroyable se produisait : sa maman, disparue depuis plus de vingt ans, lui écrivait Réussirait-elle à dénouer le mystère du temps F.L.

2

La classe suspendait son souffle Miss Smith balayait les rangs d'un regard soupçonneux
« QUI a collé un chewing-gum mâché sur ma chaise
Un intense silence lui répondit
– Il y a un chewing-gum sur ma chaise Il n'y était pas avant la récréation QUI a fait ça
Pauvre Miss Smith S'imaginait-elle que l'un de nous allait gentiment se dénoncer
Arthur, toujours cool, tenta d'arranger la situation :
– C'est pas SI grave Voulez-vous que je l'enlève
– Comment ça, pas si grave C'est gravissime à mes yeux Dois-je en déduire que c'est TOI le coupable, Arthur
– J'ai pas dit ça
Il regrettait d'avoir parlé trop vite
– Sérieusement, les CM2 B, pensez-vous que c'est ainsi que vous allez réussir votre entrée au collège En collant des chewing-gums sur les chaises Je vous préviens, si le coupable ne se dénonce pas, c'est MOI qui vais vous coller » F.J.

3

Raoul Fendarre jaillit du restaurant et courut vers la contractuelle comme si King Kong en personne était lancé à ses trousses
« Non S'il vous plait, ne faites pas ça »
Imperturbable, l'agente de police municipale continuait à remplir la contravention sans manifester la moindre réaction À croire qu'elle était sourde Peut-être l'était-elle
Dans cette hypothèse, Raoul haussa le ton
– Mademoiselle Soyez gentille Par pitié Je m'en vais tout de suite
– Trop tard
Raoul Fendarre écumait, le visage tordu par une grimace amère
– C'est une honte Je... je travaille, moi La contractuelle lui tendit le PV dument rempli
– Ah oui Parce que moi, je me promène, à votre avis F.J.

4

Mme Duclou tendit son ticket à l'employée Celle-ci se dirigea d'un pas trainant vers l'arrière-boutique Plusieurs minutes passèrent La cliente pianotait sur le comptoir, se hissait sur la pointe des pieds pour tenter d'apercevoir l'employée Mais qu'est-ce qu'elle pouvait bien faire L'employée réapparut enfin, armée d'un cintre auquel était suspendu, sous une housse plastique, un manteau... bleu
La cliente ouvrit des yeux ronds
« Qu'est-ce que c'est que ça
– C'est votre manteau
– Vous plaisantez Mon manteau est rouge
– Ah bon L'employée ne semblait pas plus étonnée que ça
– Parfaitement
– Bleu, c'est joli aussi
Essayez-le Je suis sure qu'il vous va très bien » F.J.

Je maitrise
la ponctuation

Rétablis la ponctuation manquante dans le texte.

5

Nicole Dubois frappa à la porte de Jules Des sons suraigus faisaient vibrer l'air du couloir L'enfant ne répondit pas La mère entrouvrit la porte Une bouffée de tendresse l'envahit Que son fils était donc mignon Comme il était doué pour la musique Quel virtuose en herbe Tout rouge, tout transpirant, voilà trois heures qu'il soufflait avec passion dans l'harmonica Cependant, Nicole avait une mission, elle devait l'accomplir L'équilibre de sa famille en dépendait

– Jules chéri, murmura-t-elle, est-ce que tu pourrais arrêter un peu avec ton harmonica s'il te plait

– Ben pourquoi

– Papa a mal à la tête

– Il n'a qu'à prendre une aspirine

Sa mère, accablée, soupira :

– Mais... Il en a déjà pris deux F.J.

Pour aller plus loin

sur ton cahier

a. p. 78
Serez-vous prêts à l'heure ?
C'est la question que je me pose...

- **Avec les mots proposés, construis trois phrases, chacune finissant par un point différent.**
- **Précise, pour chaque phrase : phrase déclarative, interrogative ou impérative.**

être / à l'heure / prêts

a. ________ C'est la question que je me pose...
Un bon conseil : ________ Le train ne vous attendra pas !
________ Rien d'étonnant, vous n'êtes jamais en retard.

finir / travail / ton

b. ________ C'est bien, je suis content de toi.
________ Non, pas encore ?
________ Ne perds pas de temps, cesse de rêver !

venir / avec / au cinéma / moi

c. ________ C'est pour savoir si je t'achète une place.
Tu as besoin de te changer les idées : ________
________ C'est ta maman qui vient de me le confirmer au téléphone.

Je conjugue
les verbes au présent

Pour commencer

• **Pour chaque paire de mots, barre celui qui n'est pas un verbe conjugué.**

revois / parfois	weekend / reprend	hommes / sommes
râpeux / peux	prononcent / innocent	vont / front
espère / étagère	merguez / naviguez	boa / va
impatient / retient	vieux / veux	fiançailles / travailles
indiens / reviens	dites / marmites	attends / révérends
réponds / profonds	autoroute / écoute	venons / guenons

À quelles classes grammaticales appartiennent les mots que tu as barrés ?

• **Classe maintenant toutes les formes verbales dans le tableau suivant :**

	Verbes du 1er groupe	Verbes des 2e et 3e groupes		
Pronoms sujets	**Verbes en -er**	**Verbes en -ir -oir -re**	**Verbes en -dre**	**Verbes irréguliers**
je				je peux
tu		tu revois		
il ou elle	il espère			
nous				
vous				
ils ou elles				

Pour s'entrainer

Complète le texte avec les verbes conjugués au présent de l'indicatif.

1

– 12 / 7 ! ______ le médecin en retirant son stéthoscope. C'______ très bien ça, Monsieur Lecœur! Vous ______ un cœur de jeune homme ! Vous ______ rabattre votre manche de chemise maintenant. *(dire - être, avoir, pouvoir, aller)*
– Alors, Docteur ? Vous n'______ pas me prescrire de pilule pour l'attention ?
– Assurément, non ! Je ______ de la mesurer, votre tension, elle ______ tout à fait bonne ! *(venir - être)*
– Malgré mon grand âge, je ne ______ pas le Nord, je ______ extrêmement attentif, vous ______... ______ le vieil homme. *(perdre - rester, savoir - poursuivre)*
– Mais je n'en ______ pas, ______ le médecin qui ______ tout juste de comprendre... F.L. *(douter - conclure, venir)*

Je conjugue **les verbes au présent**

Complète le texte avec les verbes conjugués au présent de l'indicatif.

2

– Vous _____ du café, monsieur Rivage ?	boire
– Tu _____ me tutoyer, mon garçon !	pouvoir
Il _____ marrant, Christian Rivage... Tutoyer un écrivain !	être
– Je... Je n'y _____ pas, Monsieur.	arriver
– Alors _____ au moins de m'appeler Christian ! Les gens	essayer
qui me _____ ne m'_____ pas « Monsieur ».	connaitre - appeler
– D'accord, monsieur Rivage.	
C'_____ difficile pour moi. D'habitude, les écrivains, on ne les _____	être - rencontrer
pas en chair et en os. On _____ leurs photos dans les livres	trouver
ou dans les journaux. Ce _____ des gens du dix-neuvième	être
siècle, en noir et blanc, l'air très sérieux,	
avec des barbes interminables et un regard méchant.	
Christian Rivage, lui, _____ vivant, en couleurs	être
et en plus il _____ bon caractère. Finalement...	avoir
je _____ si c'est vraiment un écrivain ! R.F.	se demander

3

Tonton Zéro _____ les romans d'aventure. Dès qu'il _____ à côté	adorer - passer
d'une librairie, il ne _____ pas s'empêcher d'en acheter. Il en _____	pouvoir - emprunter
aussi énormément à la bibliothèque, et à son copain Raymond.	
– Grâce à mes héros préférés, je _____ le tour du monde, Rémi,	faire
tu _____ me croire ! La jungle amazonienne n'_____ plus de secret	pouvoir - avoir
pour moi !	
Les romans _____ sur la table de son salon, sur son canapé,	s'accumuler
sur les chaises, les étagères, le frigo, partout. Mais tonton _____	mélanger
ceux de la bibliothèque, ceux de la librairie et ceux de Raymond.	
– Vous _____ gentil, monsieur Ludovic, lui _____ la bibliothécaire	être - dire
du quartier, mais les livres que vous _____ ne _____ pas d'ici ! R.F.	rapporter - venir

4

La guitare _____ un instrument à cordes pincées. Les trois plus	être
grosses cordes, recouvertes de métal, _____ un son grave. _____	produire - venir
ensuite les trois suivantes, entièrement en nylon. Avant de jouer,	
le guitariste _____ son instrument, c'est-à-dire qu'il _____ chaque	accorder - régler
corde. Cela _____ du temps et _____ une bonne oreille ! Différentes	prendre - demander
techniques de jeu _____, qui _____ du style de musique adopté :	exister - dépendre
le guitariste classique _____ les cordes directement avec les ongles	pincer
tandis que le guitariste de jazz utilise un médiator qu'il _____	tenir
entre le pouce et l'index. Le guitariste de flamenco _____ le jeu	alterner
sur les cordes et sur la caisse de résonance en bois : il _____	se servir
de sa guitare comme d'un tambour ! F.L.	

5

Nous _____ tous les deux des barreaux de la cage, puis, du doigt,
je _____ à mon jeune frère l'étrange créature qui nous _____.
– Hé ! Regarde comme elle _____ drôle celle-ci !
– Elle nous _____ un peu, mais elle _____ la peau toute rose !
– Et regarde celui-là : il _____ des cacahouètes !
Mais il se _____ vraiment bizarrement, droit comme un piquet !
– Tu _____ raison. En plus, il ne _____ pas bon :
il _____ le parfum !
Mon frère me _____, me _____ une grimace
et _____ sur le ventre.
Puis nous _____ sur place en poussant de petits cris
pour que les humains nous _____ quelques cacahouètes. F.L.

s'approcher
montrer - regarder
être
ressembler - avoir
manger
tenir
avoir - sentir
empester
regarder - lancer
se taper
sauter
jeter

6

Si je _____ énerver mes parents, ce n' _____ vraiment pas difficile.
Il _____ que je promette « Oui, oui je _____ le faire »
quand ils me _____ de ranger ma chambre, puis je _____ passer
un jour, deux jours, et je ne _____ pas...
En général, le troisième jour, j'_____ un chouette énervement.
Je _____ aussi manger des biscuits devant la télé du salon
et laisser un maximum de miettes. Une autre technique
qui _____ bien : je ne _____ pas au téléphone fixe quand il sonne
à côté de moi. Pour déclencher une réaction plus intense : je _____
peu après avec mon portable. Pour une fatale explosion :
même chose mais... À TABLE ! F.J.

vouloir - être
suffire - aller
demander - laisser
ranger
obtenir
pouvoir

marcher - répondre
téléphoner

Pour aller plus loin

Les mots ci-dessous peuvent être soit des verbes conjugués au présent, soit des mots qui font partie d'autres classes grammaticales.

Utilise ces mots dans deux phrases, en précisant leur classe grammaticale. Aide-toi de ton dictionnaire, car tu ne les connais sans doute pas tous !

*Exemple : Ils **évident** des pamplemousses. (verbe évider)*
*Ce problème n'est pas **évident**. (adjectif)*

EXCELLENT	DIFFERENT	PRESIDENT	ASPERGE	SALES
SOMMES	PRECEDENT	SOMNOLENT	MENTONS	SECONDE
COUVENT	POLISSONS	PARENT	RAYONS	SOMBRE

Je reconnais **les noms, les verbes et les adjectifs**

Pour commencer

Complète les phrases avec les mots proposés dans la liste ci-contre.

montre
lit
porte
rouge
grave
rose
livre

Elle [ ] un [ ].

Il [ ] une [ ].

Voilà une [ ] [ ].

Voici un [ ] à lèvres [ ].

Il [ ] un [ ].

Il [ ] la [ ].

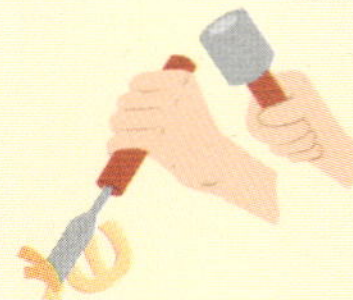

Le sculpteur [ ] un accent [ ].

Indique la classe grammaticale de chacun de ces mots. Comment as-tu fait pour savoir s'il s'agit d'un nom, d'un verbe ou d'un adjectif ?

Pour s'entrainer

Dans les phrases suivantes, trouve les homonymes, puis indique leur classe grammaticale : nom, verbe ou adjectif qualificatif.

1

a. Le conducteur du chasse-neige sale la route : bientôt la neige se transformera en une boue sale et grise.

b. Dans la cour de la maternelle, les petits aux joues rondes aiment danser des rondes.

c. Le blaireau se terre dans son abri, bien caché sous la terre.

d. Il ne faut surtout pas que le chirurgien rate cette opération de la rate.

e. La vive est un poisson venimeux : le baigneur qui marche sur ses épines ressent une douleur vive.

2

a. La directrice de l'école classe quelques papiers importants avant de rentrer dans sa classe.

b. Le bateau s'éloigne vers le grand large, sa large voile gonflée par le vent.

c. Ces techniciens occupent une place centrale dans la sécurité de la centrale nucléaire.

d. Je suis allée à Biarritz quand j'étais enfant : j'ai de vagues souvenirs de vagues impressionnantes.

e. Je trouve que de nombreuses bêtes sont en réalité moins bêtes que certains humains !

3

a. Ce voleur est un lâche : il s'attaque à une vieille dame jusqu'à ce qu'elle lâche son sac.

b. Le camping me tente, mais je n'ai pas de tente !

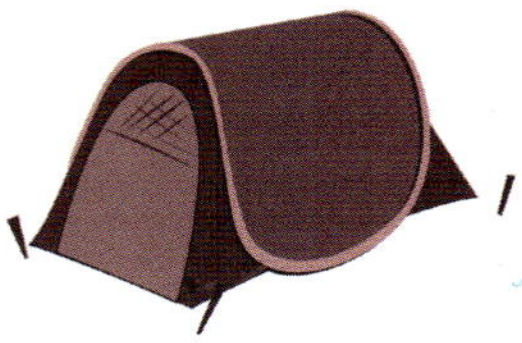

c. Je bois un peu d'eau pure à cette source cachée au milieu des bois.

d. Camille part faire un tour en ville en oubliant sa part de gâteau pour le gouter.

e. Si une mouche s'enrhume, est-ce qu'elle se mouche ?

4

a. Je me gare toujours sur le parking de la gare.

b. Pierrick prend une pomme dans la coupe de fruits, puis il la coupe en quatre et l'épluche.

c. Il cause longuement, tous les matins, avec son épicier : c'est la cause de ses retards au travail.

d. Chaque fois que tu joues dans la neige, tu rentres à la maison avec les joues bien rouges.

e. Papa change la couche de ma petite sœur, puis il la couche dans son berceau.

5

a. Le joueur de tennis court aux quatre coins du court pour récupérer les balles de son adversaire.

b. Pour décorer le gâteau, on le nappe de chocolat fondu. Il n'y a plus qu'à le présenter sur une belle nappe blanche.

c. J'ai rangé tous mes vêtements dans la commode de ma chambre. C'est un meuble très commode !

d. La cloche de l'église n'a pas sonné depuis ce matin. L'horloger dit qu'il y a quelque chose qui cloche dans son mécanisme.

e. Le prisonnier aux joues creuses chuchote à son complice : « Il faut que tu creuses plus vite, le tunnel ne sera jamais fini ! »

6

a. Ta robe ne sera jamais prête pour la cérémonie, je te prête la mienne !

b. Le voyageur pressé tasse ses vêtements au fond de son sac en finissant sa tasse de café.

c. Naomy raconte qu'elle sait se servir d'une faux, mais c'est faux !

d. Le jardinier m'accueille dans sa serre, puis il me serre la main.

e. Johan se force à finir son assiette d'épinards, car il croit qu'ils lui donneront de la force !

7

a. Si je ne me trompe pas, les papillons possèdent une trompe enroulée sur elle-même.

b. La neige fond lentement au fond de la vallée.

c. « Ne t'inquiète pas, je serai bientôt rentrée », dit la maman à sa petite fille inquiète.

d. Je vais souvent à la ferme pour acheter un bon fromage bien ferme.

e. À voix basse, Célestine me dit qu'elle joue de la basse dans un groupe de rock.

Je reconnais **les noms, les verbes et les adjectifs**

Dans les phrases suivantes, trouve les homonymes, puis indique leur classe grammaticale : nom, verbe ou adjectif qualificatif.

8

a. Léa n'arrive pas à retirer un morceau de papier collant de son collant.
b. Le ministre se rend dans la capitale européenne pour traiter une affaire capitale.
c. Pour aller à la mairie, tournez vers la droite, c'est le dernier bâtiment au bout de la ligne droite, juste avant le feu rouge.
d. L'avion plane au-dessus de la campagne : il cherche une surface suffisamment plane pour se poser en catastrophe.
e. Au cinéma, le film commence : l'ouvreuse place les retardataires qui cherchent une place.
f. Le pilote de la Formule 1 double un concurrent et s'assure ainsi une double victoire.
g. Chaque mardi matin, j'emmène ma voisine faire quelques courses à la ville voisine.

Pour aller plus loin

Dans les couples de phrases ci-dessous, certains mots sont beaucoup moins courants que leur homonyme.
Trouve leur signification et leur classe grammaticale dans le dictionnaire, comme dans l'exemple.

Exemple : Mon voisin est un ***brave*** *homme (adjectif ; signifie :* honnête, serviable*).*
Le bateau de pêche ***brave*** *la tempête (verbe* braver *; signifie :* affronter*).*

a. Dans l'immense décharge flottait une odeur infecte.
J'ai appliqué un antiseptique sur la plaie, de peur qu'elle ne s'infecte.

b. Je reprendrais volontiers une tranche de gâteau.
Après avoir hésité, Josette tranche pour des vacances en Espagne.

c. Le bus pile au milieu du carrefour pour éviter un cycliste imprudent.
Ma montre retarde, il faut que je change la pile.

d. J'ai aménagé une petite chambre sous les combles de ma maison.
Chaque année, à Noël, tu combles ta famille de cadeaux.

e. Les aventuriers ont descendu ce rapide sur leur canoë.
Les questions de l'animatrice se succédaient à un rythme rapide.

Je repère **le groupe sujet et le groupe verbal de la phrase**

Pour commencer

- **Remets ce texte dans l'ordre.**

Que se passe-t-il quand tu manges ?

- Les acides creusent des petits trous dans l'émail.
- Le sucre et les autres aliments se collent à tes dents.
- Ces petits trous s'appellent des caries.
- Ces déchets collants constituent la plaque dentaire.
- Ces bactéries fabriquent des acides.
- La plaque dentaire est le menu préféré des bactéries !

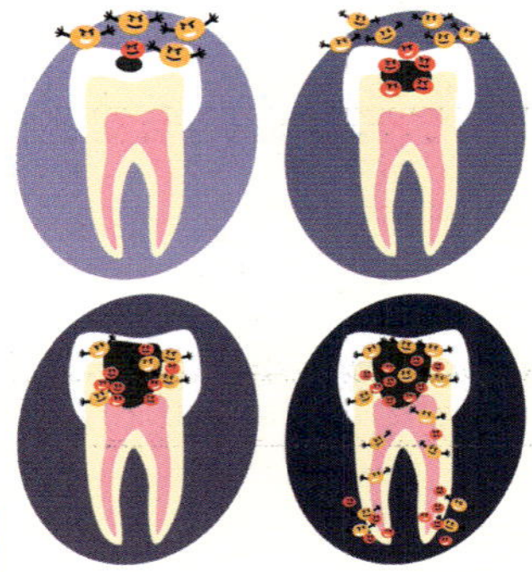

- **Pour chaque phrase, pose-toi ces deux questions :**
  1. **De qui, de quoi parle cette phrase ? → C'est le groupe sujet : surligne-le en jaune.**
  2. **Qu'apprend-on à propos du sujet ? → C'est le groupe verbal : surligne-le en rose.**

Est-ce que l'ordre des phrases est important dans ce texte ?

- **Continue le schéma ci-dessous pour résumer ce texte.**

sucre + autres aliments → plaque dentaire → … → …

Pour s'entrainer

Pour t'aider

modèle 1 : … → … → … →

modèle 2 : … → … / … / …

- **Remets ce texte dans l'ordre.**
- **Surligne le GS en jaune, le GV en rose.**
- **Fais un schéma pour résumer ce texte en utilisant l'un des modèles proposés.**

1

À chaque animal ses dents

- Les grosses incisives plates de l'écureuil rongent les graines.
- Elles aident à fouiller le sol.
- Leur morsure est mortelle.
- Les défenses du sanglier sont deux grandes incisives.
- Les dents du requin forment plusieurs rangées.
- Ils servent à tuer les proies.
- Elles poussent en continu !
- Les crocs du tigre sont de très longues canines.
- Les crochets du cobra injectent un venin redoutable.
- Elles sont très coupantes !

Je repère **le groupe sujet et le groupe verbal de la phrase**

- **Remets ce texte dans l'ordre.**
- **Surligne le GS en jaune, le GV en rose.**
- **Fais un schéma pour résumer ce texte en utilisant l'un des modèles proposés.**

2

Comment Jean a fait évacuer toute sa résidence

- Le four trop chaud a laissé échapper une épaisse fumée noire.
- Jean a mélangé les ingrédients de la brioche.
- La fumée a envahi la résidence.
- La pâte a rempli le moule.
- La résidence a été évacuée.
- Les ingrédients ont formé une belle pâte appétissante.
- Le moule a été mis au four.

3

La baleine bleue

- Sa queue mesure entre six et sept mètres de large.
- Elle enfante un seul baleineau à la fois.
- Ces fanons filtrent la nourriture.
- La baleine bleue est le plus gros animal de tous les temps.
- Il boit entre 380 et 570 litres de lait par jour.
- Le krill est une minuscule crevette vivant dans les mers froides.
- Sa bouche est remplie de fanons.
- Cette largeur impressionnante lui permet des pointes de vitesse de 50 km/h.
- Son poids de naissance est d'environ deux tonnes et demie.
- La baleine se nourrit de krill.

4

Comment une souris a obligé Marie à changer de moquette

- La moquette était irrécupérable.
- Une souris a frôlé les jambes de Marie qui peignait son plafond.
- La peinture a taché la moquette.
- Ce mouvement a déséquilibré l'escabeau.
- Marie a horreur des souris.
- Marie a dû changer la moquette.
- Marie a eu un mouvement de surprise.
- L'escabeau a entrainé le pot de peinture.

5

Comment Martin a brisé un vase à distance

- Le vase s'est fracassé au sol.
- La radio a diffusé une musique de fanfare.
- Les rideaux ont déséquilibré le vase.
- Martin a allumé la radio.
- Cette musique a réveillé papa.
- Papa s'est levé du pied gauche.
- Son pied gauche a écrasé la queue du chat.
- Le chat est grimpé aux rideaux.

Je découvre
les compléments du nom

Pour commencer

- **Observe ces dessins et écris le nom des différentes pommes que tu connais.**

une pomme

une pomme...

une pomme...

une pomme...

une pomme...

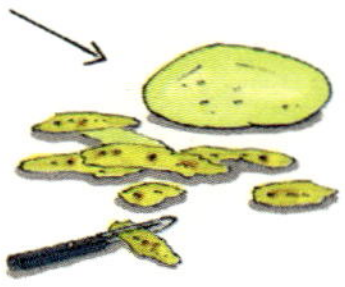

une pomme...

*Peux-tu expliquer pourquoi, ici, le nom **pomme** ne suffit pas pour désigner tous ces objets?*

- **Avec les mots suivants, compose 5 groupes nominaux :**

un une	chewing-gum ver machine sac spectacle	en pour à sans de	laver sucre papier terre enfants

Quelle est la classe grammaticale des mots invariables en bleu ?

Pour s'entrainer

Sur ton cahier
n°1 p. 87
une brosse à dents
Art N CdN

- **Écris le nom de ce que tu vois : parfois, un simple nom suffit ; parfois, il faut y ajouter un complément du nom.**
- **Repère les articles (Art), les noms (N) et les compléments du nom (CdN). Surligne les prépositions en jaune.**

1

une brosse à...

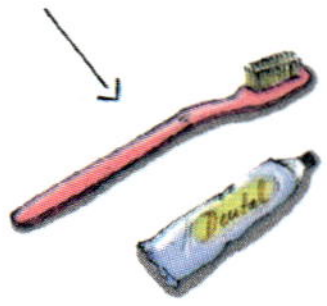

une...

une...

un gâteau

un...

un...

Je découvre
les compléments du nom

- **Écris le nom de ce que tu vois : parfois, un simple nom suffit ; parfois, il faut y ajouter un complément du nom.**
- **Repère les articles (Art), les noms (N) et les compléments du nom (CdN). Surligne les prépositions en jaune.**

2

un sac...

un...

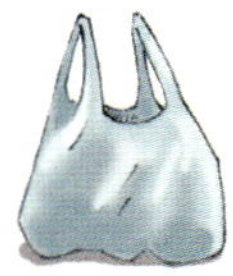
un...

une boite...

une...

une...

3

une salle...

une...

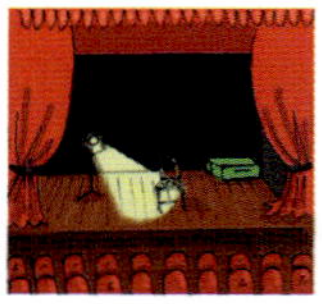
une...

une assiette

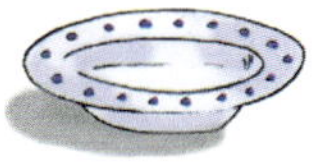
une...

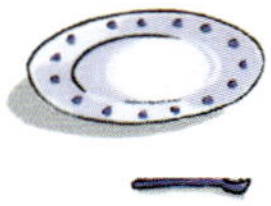
une...

4

du jus de...

du...

du...

une cravate

une...

une...

Pour aller plus loin

- **Voici des noms. Trouve un ou deux compléments du nom pour chacun.**
- **Emploie-les dans une phrase.**

un fauteuil
une voiture

un match
une averse

un jour
une cour

un gant
une étoile

la fête
une table

Je distingue **les compléments du nom et les compléments du verbe**

Pour commencer

Lis ce texte et complète-le avec les éléments proposés.

La forêt était la seule passion [______] : il en connaissait tous les secrets.
En été, il cueillait [______] ; en automne, il ramassait [______].
Parfois, des promeneurs se moquaient [______]. Pourtant, s'ils avaient gouté
sa confiture [______] ou son omelette [______], ils auraient compris
que l'apparence [______] n'était pas si importante que ça !

| des | Bastien | champignons | de | framboises | ses vêtements usés | aux |

Observe les compléments que tu as construits : s'agit-il de compléments du nom ou de compléments du verbe (CO) ?

Pour s'entrainer

sur ton cahier
n°1 p. 89
Un spécialiste [du cinéma]
N CdN

Lis le texte et indique si les éléments encadrés sont des compléments du nom (CdN) ou des compléments du verbe (CO).

1

Mon grand père est journaliste : c'est un spécialiste [du cinéma].
Il travaille pour une émission qui parle [du cinéma].
Il a une mémoire incroyable : il peut raconter dans le détail
le scénario [de nombreux films], même s'il manque [de temps]
pour voir tous les films. Chaque année, au festival [de Cannes],
il rencontre [des acteurs célèbres]. Grâce à lui, j'ai vu
[de nombreux films]. Moi aussi, je rêve [de Cannes] et de son festival :
un jour, il a promis qu'il m'y emmènerait. C'est seulement une question [de temps] !

2

La tante [de Gaston] habite au bout de ma rue.
Quand l'heure [du gouter] arrive, une odeur délicieuse sort
[de sa cuisine] : elle est la spécialiste [des tartes aux fruits].
Le mercredi après-midi, elle nous invite souvent à nous assoir
à la table [de sa cuisine]. On déguste [des tartes aux fruits]
qu'on ne trouve nulle part ailleurs !
Le jeudi matin, à l'école, tout le monde parle [de Gaston]
et de sa tante : on discute [du gouter] qu'elle nous a offert.

Je distingue **les compléments du nom et les compléments du verbe**

Lis le texte et indique si les éléments encadrés sont des compléments du nom (CdN) ou des compléments du verbe (COI).

3

Voulez-vous que je vous parle [de ma passion] ? Depuis toujours, je m'intéresse [à la mer]. Quand j'étais petit, j'observais déjà les crabes et les coquillages. Je parlais [de mes découvertes] avec mes parents. Jamais je ne me séparais [de mon carnet d'observation] pendant mes vacances [à la mer]. À l'école, un jour, j'ai présenté une exposition [de mes découvertes] à mes camarades. Aujourd'hui, la couverture [de mon carnet d'observation] est bien usée, mais je le garde comme un précieux souvenir du début [de ma passion].

4

Célia change [de vêtements] plusieurs fois par jour ; elle aime porter des petites robes [à la mode]. Chez elle, une énorme malle [de vieux habits] occupe la moitié de son salon, car elle ne jette rien.

On la rencontre souvent dans les boutiques [de vêtements], car elle s'intéresse [à la mode] plus qu'à tout. Quand elle manque [d'argent] pour s'acheter de nouveaux habits, elle les fabrique elle-même : elle se sert [de vieux habits] pour en faire de nouveaux. À un concours, elle a ainsi gagné la médaille [d'argent] de la créativité.

5

Le quai [de la gare] était noir de monde. Les voyageurs se sont installés dans le train [de Nancy]. Quelques minutes plus tard, nous nous éloignions [de la gare]. En pleine campagne, pour une raison inconnue, le train s'est arrêté pendant de longues minutes. Le contrôleur a expliqué la raison [de cet arrêt inattendu] : une montgolfière s'était posée sur la voie ! Personne n'aurait pu deviner la cause [de ce retard]. Une demi-heure plus tard, le train est enfin reparti et s'est approché [de Nancy]. Le contrôleur, à nouveau, s'est excusé [de ce retard]. Longtemps, je me souviendrai [de cet arrêt inattendu].

Pour aller plus loin

Forme deux phrases avec les éléments proposés et indique s'il s'agit d'un complément du nom (CdN) ou d'un complément du verbe (COI).

sur ton cahier

a. p. 90.
Les amateurs de soleil se méfient de la pluie.
N — CdN — V — COI
Les amateurs de pluie…

a. amateurs - pluie - soleil - se méfier
b. enfants - école - revenir - village
c. maitresse - s'occuper - Sarah - CM1
d. sœur - se moquer - copain - Jérémy
e. marché - fraises - bois - venir
f. marchand - légumes - manger - poisson

Je découvre
l'attribut du sujet (1)

Pour commencer

- **Indique pour chaque phrase la lettre du dessin qui lui correspond.**

1. Sabrina est mignonne.
2. Sabrina coiffe ses longs cheveux.
3. Malika félicite son adversaire.
4. Malika reste championne de France.
5. Pauline deviendra jongleuse.
6. Pauline applaudit la jongleuse.
7. La nouvelle élève salue la maitresse.
8. La nouvelle élève semble timide.

- **Relève les sujets et les verbes.**

– Dans quelles phrases peux-tu remplacer le verbe par le signe =?

– Quelles sont les phrases qui ne parlent que d'une personne?

– Quelles sont celles qui parlent de plusieurs personnes?

Sur ton cahier

n° 1 p. 91

a. Monsieur Dupré est le remplaçant.
Vé AdS

Pour s'entrainer

- **Lis les textes et complète les phrases avec les étiquettes-mots.**
- **Puis repère:**
  - **les verbes d'état (Vé) suivis d'un attribut du sujet (AdS);**
  - **les autres verbes suivis d'un COD.**

1

ⓐ • M. Dupré se gare sur le parking de l'école, puis entre dans la cour, un gros cartable à la main. Il demande où est la classe des CM1.

→ Monsieur...

• Notre maitre, M. Vallin, nous a prévenus: il doit aller en stage cette semaine, mais avant de partir...

→ monsieur...

est | accueille | le remplaçant | Dupré | Vallin

ⓑ • Ce soir, ma mère organise une réunion de parents. Elle va recevoir les familles des futurs élèves de CP pour leur faire visiter l'école et répondre à leurs questions.

→ ...

• Nous venons de déménager. Aujourd'hui, maman a rendez-vous dans ma nouvelle école pour m'inscrire dans la classe de CM1.

→ ...

Ma mère | rencontre | est | Maman | la directrice de l'école

Je découvre
l'attribut du sujet (1)

• Lis les textes et complète les phrases avec les étiquettes-mots.
• Puis repère :
- les verbes d'état (Vé) suivis d'un attribut du sujet (AdS) ;
- les autres verbes suivis d'un COD.

2

ⓐ • Cinq minutes avant le match, Thomas Perrin se concentre : il veut absolument le gagner et, dans sa tête, le doute n'est pas permis : → ...

• Cinq minutes avant le match, Maxime s'installe dans les gradins avec sa famille. Dans moins de deux heures... → ...

il | applaudira | deviendra | le nouveau champion de France

ⓑ • Mamie n'aime pas trop le bruit et l'agitation... → ...

• Voici deux élèves qui sont calmes, polis, soigneux, bons camarades : → ...

sont | des | elle | les | Mouloud et Li-Peng | préfère | enfants sages comme des images

3

ⓐ • Félix est très intéressé par cette voiture. Le vendeur lui propose une énorme réduction de 5000 euros ! Félix pense : → ...

• Après avoir longuement réfléchi, Félix a pris la décision d'acheter cette voiture. → ...

Félix | une excellente affaire | a fait | semble | cette voiture

ⓑ • C'est la cérémonie des Césars. Patrick Grondin, le célèbre comédien, entre sur scène pour recevoir le césar du meilleur acteur. → ...

• C'est la cérémonie des Césars. La comédienne Fanny Klein entre sur scène pour remettre son prix à Patrick Grondin. → ...

Elle | l'acteur préféré des Français | reste | Il | félicite

Pour aller plus loin

Repère les verbes d'état et les attributs du sujet dans ces titres de journaux.

SCIENCES

L'ampleur du réchauffement climatique semble sous-estimée

AUTOMOBILE

La voiture électrique sera le véhicule du futur

J'utilise **les pronoms sujets et les pronoms compléments**

Pour commencer

- **Lis ce texte.**

Ils s'approchèrent d'elle avec curiosité : incroyable, elle avait tenu parole, elle l'avait vraiment amené à l'école ! Elle le sortit de sa poche et lui parla doucement. Ils firent encore un pas, mais il se cacha aussitôt dans sa manche. Elle leur fit signe de reculer et il montra à nouveau le bout de son museau.

Trouves-tu ce texte facile à comprendre ?

- **Observe les trois dessins ci-dessous et indique celui qui correspond exactement au texte.**

A

Paul Marion Victor

B

Anissa Noé Paul

C

Myriam Sarah Paul

- **Récris-le en remplaçant, quand c'est nécessaire, les pronoms par des noms propres ou des GN.**

~~Ils~~ s'approchèrent d'~~elle~~ avec curiosité.
Paul et …

Repère les sujets et les compléments du verbe : est-ce que ce sont des pronoms, des N propres ou des GN ?

Pour s'entrainer

- **Lis le texte, puis récris-le en remplaçant les pronoms par un groupe nominal ou un nom propre de ton choix, quand c'est nécessaire.**
- **Souligne les pronoms, les GN et les N propres, et indique leur fonction (S ou CdV).**

sur ton cahier

n°1 p. 93
Nathan (S) se mit en route et appela sa chienne (CdV) en sifflant entre ses dents.

1

Il n'était vraiment pas en avance ! **Il les** a enlevés, puis **les** a mis dans le casier et **il l'**a enfilé à toute vitesse. Ensuite, **il les** a rejoints en courant, bien que ce soit interdit… Là, **elle l'**a appelé : « Et le règlement, alors ? » **Ils** ont tous éclaté de rire, puis, voyant qu'**elle les** regardait d'un air menaçant, **ils** ont préféré s'arrêter aussitôt.
Après, **il** est monté au plongeoir en prenant une grande inspiration. Puis, **il** s'est élancé. En sortant de l'eau, **il les** a tout de suite vus, se tapant les cuisses au bord du bassin, en **le** montrant du doigt. **Il** flottait, à quelques mètres de lui, à l'endroit où **il** était entré dans l'eau. **Il** avait complètement oublié de **l'**attacher !

J'utilise **les pronoms sujets et les pronoms compléments**

- **Lis le texte, puis récris-le en remplaçant les pronoms par un groupe nominal ou un nom propre de ton choix, quand c'est nécessaire.**
- **Souligne les pronoms, les GN et les N propres, et indique leur fonction (S ou CdV).**

2 **Elle l'**avait remarqué dans le bus de ramassage. Chaque matin, **elle lui** souriait timidement mais lui, apparemment, ne s'intéressait pas **à elle** : **elle** était sans doute trop petite pour **lui**, un vrai bébé ! Arrivés à l'école, quand **ils** quittaient le bus, **ils** ne **l'**aidaient pas à descendre. **Elle** devait attendre qu'**ils** soient tous sortis pour qu'**il** quitte son volant et manœuvre la plateforme. Ce matin-là, pourtant, **il** resta dans le bus et attendit que ses copains soient sortis. « Tu veux un coup de main ? » **lui** demanda-t-**il** gentiment. **Il** ajouta pour le chauffeur : « Laissez, M'sieur, je m'occupe d'**elle** ! » Depuis ce jour-là, **ils** sont amis pour la vie.

3 **Il** se mit en route et **l'**appela en sifflant entre ses dents. **Elle** accourut tout de suite pour **l'**accompagner. **Elle** remuait la queue de plaisir, car **elle** adorait aller **les** chercher ! **Elle** courut jusqu'en haut du pré et commença à **les** rassembler. **Elles** meuglaient et se pressaient les unes contre les autres, puis **elles** prirent le chemin de la ferme. Parfois, quand l'une s'éloignait, **elle la** ramenait aussitôt dans le troupeau. **Elles lui** obéissaient sans protester ! Quand **elles** furent toutes entrées dans l'étable, **il la** caressa et **la** félicita. **Elle lui** répondit par un jappement joyeux. **Ils** formaient une bonne équipe, tous les deux !

4 Maintenant qu'**elle** vivait loin de la France, **elle** ne **les** voyait plus très souvent. Ça faisait d'ailleurs longtemps qu'**elle** ne **leur** avait pas écrit. **Ils** devaient se demander ce qu'**elle** devenait. **Elle** prit une feuille et commença sa lettre. **Elle** aurait préféré **leur** téléphoner, mais depuis le petit village africain où **elle** travaillait, ça n'était pas facile de **les** joindre. Son travail d'infirmière **lui** plaisait beaucoup, même s'**il** n'était pas toujours facile : **elle les** soignait, **les** aidait à s'occuper de leurs bébés. En finissant sa lettre, **elle les** rassura : tout allait bien, **ils** ne devaient pas s'inquiéter.

Pour aller plus loin

Pour t'aider
y - en - eux- elle(s)

Observe l'exemple et fais le même travail.

Exemple : Mon oncle a bien profité de ses vacances. → Il en a bien profité.

a. Sofia n'a pas pensé à ses petits soucis de santé aujourd'hui.
Sofia pense souvent à sa meilleure amie.

b. Sébastien s'est occupé de ses neveux pendant les vacances.
Sébastien s'est occupé de la facture à régler dès son retour du bureau.

Je repère **les compléments de phrase** *(compléments circonstanciels)* **et les compléments du verbe** *(compléments d'objet)*

Pour commencer

• **Lis ces phrases et observe les compléments soulignés.**

Le maitre pense à la rentrée.

À la rentrée, j'irai dans une autre école.

– Comprends-tu la signification des flèches ?
– Quel complément est un complément du verbe ? un complément de phrase ?
– Dans les deux phrases, essaie de déplacer le complément : ***à la rentrée.***
– Que remarques-tu ?

• **Effectue le même travail avec les phrases suivantes.**
Écris CO (complément d'objet) ou CC (complément circonstanciel) sous chaque complément souligné.

a. De la fenêtre, je peux voir la mer.
Quand j'aurai réparé les volets, je m'occuperai de la fenêtre.

b. Je ne prends jamais ma douche le matin.
Pour faire du sport, je préfère le matin.

c. Je me méfie de cette échelle : elle a l'air vermoulue.
De cette échelle, vous pourrez atteindre le haut du cerisier.

Pour s'entrainer

Quand c'est possible, déplace en début de phrase les compléments en violet, puis indique si ce sont des compléments d'objet (CO) ou des compléments circonstanciels (CC).

1

ⓐ • Le vent froid rougit **mes joues**.
• Les feuilles des platanes rougissent **chaque automne**.

ⓑ • Mon grand-frère a beaucoup changé **ces derniers mois**.
• Mon grand frère a changé **la roue de son scooter**.

ⓒ • C'était vraiment inattendu ! La neige tenait **à la mi-octobre** !
• Mon oncle n'aimait pas être dérangé : il tenait **à sa tranquillité**.

2

ⓐ • Sans prendre aucun repos, le chevalier a combattu **toute la nuit**.
• Au pied du donjon, le chevalier a combattu **tous ses ennemis**.

ⓑ • Le boulanger travaille **la pâte à pain**.
• Le boulanger travaille **le matin**.

ⓒ • Le papa chante **une berceuse** pour endormir son bébé.
• Le rossignol chante **la nuit** pour attirer les femelles.

Je repère **les compléments de phrase** *(compléments circonstanciels)* **et les compléments du verbe** *(compléments d'objet)*

Quand c'est possible, déplace en début de phrase les compléments en violet, puis indique si ce sont des compléments d'objet (CO) ou des compléments circonstanciels (CC).

3

ⓐ • Certains renards affamés survivent **aux environs des villes**.
• Cet animal blessé ne survivra pas **aux blessures reçues**.

ⓑ • Je lui ai proposé de lui donner un coup de main, mais il a refusé **mon aide**.
• Je lui ai souvent proposé de l'aider, mais il a refusé **à chaque fois**.

ⓒ • Une partie de cartes, voilà un jeu qui distrait **pendant les longues soirées d'hiver**.
• Une partie de petits chevaux, voilà un jeu qui distrait **toute la famille**.

4

ⓐ • Louis envoie un message à Marie **de son téléphone**.
• Émile se plaint **de son téléphone** : il le trouve trop petit.

ⓑ • Abdel se peigne **chaque matin**.
• Lou se peigne **les cheveux**.

ⓒ • Le gardien de l'immeuble balaie **les escaliers**.
• Le gardien de l'immeuble balaie **tous les soirs**.

5

ⓐ • Le public a applaudi **les acteurs**.
• Le public a applaudi **pendant dix minutes**.

ⓑ • Le chauffeur conduit **du matin au soir**.
• Le chauffeur conduit **les voitures et les camions**.

ⓒ • Le bébé de mes voisins confond **le jour et la nuit**.
• Dans cette usine, on travaille **le jour et la nuit**.

6

ⓐ • Tes cheveux ont blanchi **en quelques mois**.
• La neige a blanchi **la montagne**.

ⓑ • Ce musicien joue **toute la journée**.
• Ce musicien joue **de la guitare**.

ⓒ • Pendant l'été, j'arrose **à la nuit tombée**.
• Pendant l'été, j'arrose **mes plantes** davantage.

Pour aller plus loin

Lis ces phrases et indique si les compléments encadrés sont des compléments d'objet (CO) ou des compléments circonstanciels (CC).

a. Les chauvesouris chassent [la nuit].
Les premiers rayons du soleil chassent [la nuit].

b. Vous êtes invités à la fête de l'école :
un spectacle de marionnettes ouvrira [l'après-midi].
Désormais, notre magasin sera fermé le matin et ouvrira [l'après-midi].

Je conjugue **les verbes à l'imparfait et au passé composé**

Pour commencer

Si tu hésites sur l'accord du participe passé, consulte ton aide-mémoire, leçons n°s 22 et 24.

- **Lis ce texte et choisis les formes verbales qui conviennent.**

Depuis des jours, la pluie [tombait / est tombée] sans interruption et la rivière [menaçait / a menacé] de déborder. Les habitants de mon quartier [craignaient / ont craint] une catastrophe : hélas, hier après-midi, elle [arrivait / est arrivée]. L'eau [envahissait / a envahi] la rue principale, puis elle [s'infiltrait / s'est infiltrée] dans les maisons. Dans mon salon, les meubles [flottaient / ont flotté] à un mètre du sol, je n'en [croyais pas / n'ai pas cru] mes yeux. Nous [nous réfugiions / nous sommes réfugiés] au premier étage, et nous [quittions / avons quitté] la maison sur une barque des pompiers. Ce matin, l'eau [se retirait / s'est retirée]. Elle [partait / est partie] en laissant derrière elle une épaisse couche de boue et de déchets. L'inondation [a tout sali / salissait tout] sur son passage, mais les gens [commençaient / ont commencé] à nettoyer avec courage.

- **Trie les formes verbales dans ce tableau, en t'aidant des exemples.**

Verbe conjugué à un temps simple	Verbe conjugué à un temps composé…	
	… avec avoir	… avec être
la pluie tombait…	…	elle est arrivée…
Ce temps s'appelle …	Ce temps s'appelle…	

Explique l'emploi de ces deux temps dans ce texte.

Je conjugue **les verbes à l'imparfait et au passé composé**

Pour s'entrainer

Complète le texte avec les verbes conjugués à l'imparfait ou au passé composé.

1

Souvenirs de mon arrière-grand-père

J'_____ à travailler à douze ans. Je me _____ tous les matins à quatre	commencer - lever
heures. Avec mon frère, nous _____ chez un cordonnier. Nous _____	travailler - réparer
des chaussures, des sacs. C'est cet artisan qui m'_____ mon métier.	apprendre
Le peu d'argent que nous _____, nous le _____ à nos parents.	gagner - donner
Ils en _____ besoin pour acheter de la nourriture. À cette époque,	avoir
la baguette _____ 40 centimes et nous _____ la boulangère avec des	couter - payer
pièces d'un sou, trouées au milieu ! Un jour, j'_____ changer de vie.	vouloir
Je _____ sur un paquebot qui _____ à New York. En Amérique,	monter - partir
au début, la vie n'_____ pas plus facile qu'en France, mais peu	être
à peu ... j'_____ fortune !	faire

2

– Je t'_____ que j'_____ avoir un accident, l'autre jour ?	dire - faillir
– Non, raconte...	
– Eh bien, c'_____ samedi dernier, je _____ tranquillement	être - rouler
sur l'autoroute. Il _____ nuit. Soudain, à droite, j'_____ au loin	faire - apercevoir
une énorme tête.	
– Un chevreuil ou une biche qui _____ de traverser, sans doute.	essayer
– Moi, j'_____ à un cerf... Tu te rends compte ! Sur l'autoroute...	penser
Quel danger !	
– Et qu'est-ce que tu _____ ?	faire
– J'_____ un coup de volant, tiens. Je ne _____ quand même pas	donner - vouloir
heurter la pauvre bête. Mais j'_____ la trouille de ma vie...	avoir
– Oui, c'est sûr. Ça me rappelle un peu ce que j'_____, moi aussi.	vivre
Pareil ! Ça _____ il y a quelques années. Nous _____ en vacances.	se passer - partir
Et soudain, j'_____ une limace s'engager sur la chaussée... F.L.	voir

3

Quand je _____ dans le cinéma, tout le monde _____.	entrer - dormir
Certains spectateurs _____ très fort et d'autres _____ la respiration	ronfler - avoir
qui _____ comme une bouilloire.	siffler
Je me _____ entre un vieux monsieur roulé en boule sur son fauteuil	s'assoir
et une petite fille qui _____ presque allongée sur le sien. Tous deux	se tenir
_____. À l'image, sur l'écran, un homme _____ sur le canapé de son	somnoler - sommeiller
salon. Lui aussi _____. Sur ses genoux, un chat _____ les yeux fermés.	ronfler - ronronner
Derrière, une pendule faisait tictac. La scène _____, ça n'en _____ pas.	durer - finir
Mes paupières _____ lourdes. J'_____ l'impression qu'un nouveau	devenir - avoir
ronflement _____ aux autres. C'_____ le mien, je crois... R.F.	s'ajouter - être

4

Le prof de maths ___ dans l'allée, scrutant les tables de son	marcher
regard-radar... Soudain, au deuxième rang, il ___ :	s'arrêter
– Mlle Bouvier, où sont vos exercices ?	
Manon ___, puis elle ___ ses pieds ; enfin, bravement,	pâlir - regarder
elle ___ :	dire
– Oui, oui, Monsieur, disons, j'___ les faire, mais...	aller
mon cousin ___ et... avec son chien, que je ne ___ pas et...	venir – connaitre
il ___ le mercurochrome, j'___ de nettoyer à l'eau de Javel mais...	renverser - essayer
la moquette ___ à fumer, je ne ___ plus quoi faire, c'est alors	commencer - savoir
que ma grand-mère ___ les pompiers et...	appeler
– Mmhh... ___ le prof en gratouillant sa barbiche.	grommeler
Vous ___ déjà ___ à écrire un roman ? F.J.	penser

5

Je me présente : M. Ducrayon, retraité. J'___ maitre d'école pendant	être
38 ans. J'___ la langue française à des générations d'élèves,	enseigner
qui ne ___ pas qu'ils ___ en train d'acquérir un merveilleux outil,	se douter - être
pour toute leur vie. Ils ___ la grammaire sans vraiment prendre	apprendre
conscience du formidable cadeau que l'école leur ___.	offrir
Ensemble, nous ___ tant de règles d'orthographe ! Ils ___	expliquer - user
leurs doigts sur tant de dictées ! Et moi, je ___ tous leurs cahiers !	corriger
J'___ tant de stylos rouges ! Si je ___ les compter, je serais bien	utiliser - devoir
embêté... car je n'___ jamais ___ fort en calcul ! F.L.	être

Pour aller plus loin

Avec les éléments proposés, forme une phrase en conjuguant les verbes : l'un au passé composé, l'autre à l'imparfait.

a. de la musique | le téléphone | écouter | J' | quand soudain | sonner

b. dans la cheminée | déjà | quand | un feu | bruler | nous | du ski | rentrer

c. de faire | décider | s'ennuyer | Nina | elle | tellement | qu'un jour | le tour du monde

d. de promenade | nous | en rentrant | tellement soif | boire | que | nous | avoir | un litre d'eau !

e. réussir | un soir | son lit | pas | il n' | sa chambre | ranger | à atteindre | jamais | comme | ne | Philémon

Je découvre **l'attribut du sujet** (2)

Pour commencer

- **Des élèves ont lu ce texte et repéré les attributs du sujet et les COD. Ensuite, ils ont justifié leur réponse.**

Un jour, j'ai trouvé **un petit oiseau** dans la neige.
La pauvre petite bête semblait **morte**.
Son corps était tout **froid**,
ses plumes étaient **trempées**.
J'ai pris **l'oiseau** dans mes mains
et je **l'**ai ramené chez moi.
J'ai préparé **un petit lit de coton**
devant la cheminée.
Le petit oiseau a ouvert **les yeux**,
puis il a remué **les ailes**,
mais il demeurait très **faible**.
Bientôt, il a repris **des forces**.
Quand il s'est envolé, il a fait **un signe d'adieu** avec ses ailes...
Dans mon cœur, il restera toujours **mon ami**.

« un petit oiseau » : c'est un COD, car le sujet « j' » et « le petit oiseau » ne représentent pas la même personne.

« morte » : c'est un AdS, car « sembler » est un verbe d'état.

- **Continue leur travail.**

Voici les principaux **verbes d'état** : être - sembler - devenir - rester - paraitre - demeurer

Pour s'entrainer

Sur ton cahier

n°1 p. 100
Parfois, la personne parait peu aimable. (S: la personne ; Vé: parait ; AdS: peu aimable)

- **Lis le texte et complète-le avec les propositions qui te sont faites.**
- **Puis, dans les parties de phrase en bleu, repère :**

– les sujets (S) ;	**– les sujets (S) ;**
– les verbes d'état (Vé) ;	**– les autres verbes (V) ;**
– et les attributs du sujet (AdS).	**– et les compléments d'objet direct (COD).**

1

Quand on voit quelqu'un pour la première fois, on ne sait pas toujours si l'on va s'entendre. Parfois, la personne parait ______ . Parfois, au contraire, elle semble ______ . La première impression n'est pas forcément ______ . Pour cette raison, j'évite ______ , je prends ______ . Souvent, j'ai eu ______ . Beaucoup de gens deviennent ______ alors qu'au début, ils ne s'appréciaient pas du tout ! S.M.

d'excellents amis – de bonnes surprises – peu aimable – les jugements hâtifs – la bonne – mon temps – très sympathique

2

J'ai vu une curieuse statue, près d'un musée que je visitais. Cette statue représentait un chevalier du Moyen Âge. Son armure était ____ mais, je ne sais pas pourquoi, son visage métallique paraissait ____ . Les touristes s'arrêtaient devant la statue pour l'admirer. Tout à coup, elle a fait ____ . En fait, la statue était ____ ! J'ai compris que, pendant des heures, un comédien maquillé et costumé restait ____ sur son socle ! Contre un peu d'argent, les touristes le prenaient en photo. Vraiment, cet homme fait ____ !

complètement immobile
étincelante
un clin d'œil
un drôle de métier
un peu étrange
une curieuse statue presque vivante

3

La vieille maison était pleine de mystères : les fleurs du jardin étaient ____ , mais, depuis longtemps, personne n'avait tondu ____ . Un vent glacial traversait nos vêtements : pourtant, les branches des arbres demeuraient ____ . La demeure semblait ____ , car, depuis toujours, la porte restait ____ . Joris était ____ : il entra dans la maison. L'obscurité était ____ . Il poussa ____ quand une chauve-souris effleura ____ . En sortant de la maison, il était ____ . « On dirait que cette maison n'aime pas beaucoup ____ », pensa-t-il.

fermée
immobiles
abandonnée
la pelouse
un garçon courageux
les visites
magnifiques
ses cheveux
totale
tout pâle
un cri perçant

Pour aller plus loin

- **Dans ce jeu de logique, il y a cinq personnages qui ont tous un métier différent :**

	Albert	Jacques	Michel	Laurent	Bastien
directeur					F
médecin	F				F
pompier	F	F	F	F	V
gendarme					F
ingénieur					F

- **Complète le tableau de vérité pour trouver le nom et le métier de chacun.**

– Albert remercie le médecin.
→ Donc Albert n'est pas le médecin : F (faux) dans le tableau.

– Bastien est pompier.
→ Donc, c'est V (vrai) pour Bastien et F (faux) pour les autres dans le tableau.

– Jacques salue le gendarme.

– Michel a rencontré le directeur de l'école.

– Laurent était gendarme, mais il est devenu ingénieur.

– Le directeur de l'école a téléphoné à Albert.

– Le gendarme et l'ingénieur n'aiment pas Michel.

Aide-toi des exemples de conclusions trouvées grâce aux indices :
Bastien est pompier.

Je manipule **les adjectifs et les compléments du nom**

Pour commencer

• **Complète les définitions à l'aide des mots proposés.**

a. Le coassement c'est …
Le croassement, c'est …

crapaud	cri	corneille
grenouille	corbeau	

b. Une décade, c'est …
Une décennie, c'est …

période	ans	jours	dix

c. Un accident, c'est …
Un incident, c'est …

inattendu	grave	sans
évènement	gravité	

d. Une balade, c'est …
Une ballade, c'est…

promenade	musique	difficulté
morceau	sans	doux

• **Repère tous les éléments formant les groupes nominaux que tu viens d'écrire : Art, N, Adj, CdN.**

Exemple : le cri de la grenouille
Art N CdN

– Quelles sont les différences que tu observes entre un adjectif épithète et un complément du nom ?

Pour s'entrainer

• **Transforme les GN en utilisant les éléments proposés.**
• **Repère ensuite les éléments formant les groupes nominaux : Art, N, Adj, CdN.**

sur ton cahier

n°1 p. 102
un bal où l'on vient déguisé
→ un bal masqué
D N Adj

1

- un bal où l'on vient déguisé →…
- une tempête qui ravage tout sur son passage →…
- un musicien qui a un talent unique →…
- un musicien qui a du talent →…
- une énigme dont on ne trouve pas la solution →…
- une matière qui se dissout dans l'eau →…

soluble	masqué
ordinaire	destructrice
royal	insoluble
réparatrice	d'exception
doué	

2

- un travail qui ne sert à rien → un travail ...
- un travail qui demande une bonne condition physique → un travail ...
- une boisson qui ne provoque pas de caries →...
- une inondation qui se produit tous les cent ans environ →...
- une personne qui a vécu un siècle →...
- un régime où le sel est interdit →...
- une robe que l'on porte dans les grandes occasions →...

centennale	sucré
centenaire	intéressant
inutile	sans sel
de cérémonie	salé
sans sucre	quotidienne
de force	forcé

3

- un pantalon dont les couleurs ont passé →...
- un pantalon qu'on vient de nettoyer →...
- une histoire qu'on a du mal à croire →...
- une personne qui n'en croit pas ses oreilles →...
- un sirop qui guérit la toux →...
- une voiture qui n'a jamais roulé →...
- une voiture qui a déjà été utilisée →...

lavé	neuve
incrédule	délavé
antitussif	de grenadine
d'occasion	incroyable

4

- une course où l'on cherche à faire le meilleur temps →...
- un téléphone qui fonctionne grâce à une batterie →...
- un téléphone qui est branché au secteur →...
- une personne dont on se méfie →...
- une personne dont il est inutile de se méfier →...
- un arbre qui a perdu ses feuilles →...
- un arbre qui ne perd jamais ses feuilles →...

filaire	à feuillage persistant
louche	dénudé
sans fil	de confiance
méfiante	contre la montre

5

- une victoire à laquelle on ne croyait plus →...
- un jour qu'on attend avec impatience →...
- une musique qui ne sort plus de la tête →...
- un arbre dont on a coupé la cime →...
- une carte qui permet de régler des achats →...
- une carte qui permet de suivre un itinéraire →...
- une crème qui protège des coups de soleil →...

à jouer	têtue
inespérée	espéré
entêtante	de paiement
étêté	solaire
routière	entêtée

Je manipule **les adjectifs et les compléments du nom**

- **Complète les phrases en utilisant les éléments proposés.**
- **Repère ensuite les éléments formant les groupes nominaux : D, N, Adj, CdN.**

6

- un match qui s'est déroulé de la meilleure façon possible →...
- un film que l'on peut aller voir en famille →...
- un manège interdit aux enfants →...
- un labyrinthe dont on ne parvient pas à sortir →...
- un endroit où l'on se sent à l'aise →...
- un fauteuil où l'on n'est pas bien assis →...
- des vacances qui se sont passées de la pire façon possible →...

inconfortable	cauchemardesques
familial	accueillant
compliqué	pour adultes
de rêve	familier

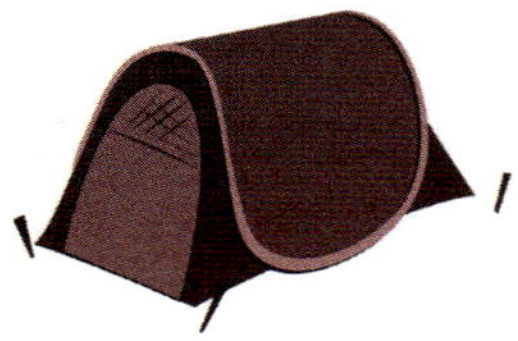

Pour aller plus loin

Complète les définitions ci-dessous en utilisant les mots et les groupes de mots proposés. Ensuite, indique de quoi il s'agit : N, D, Adj ou CdN.

a. Un biscuit, c'est ...
Une madeleine, c'est ...
Un petit-beurre, c'est ...

de forme le plus souvent rectangulaire | sec | moelleux | en forme de coquille | gâteau | petit | un | au beurre

b. Un losange est ...
Un carré est ...
Un rectangle est ...

un | aux côtés de même longueur | quadrilatère | à angles quelconques | aux côtés égaux deux à deux | à angles droits

c. Une avenue, c'est ...
Une route, c'est ...
Une rue, c'est ...
Une ruelle, c'est ...

une | à l'intérieur d'une ville | voie | large | de circulation | étroite | à l'extérieur des villes | de taille moyenne

d. Une chaise, c'est ...
Un fauteuil, c'est ...
Un canapé, c'est ...
Un tabouret, c'est ...

pour plusieurs personnes | siège | sans dossier | à dossier | individuel | à accoudoirs | petit | sans accoudoirs | à trois ou quatre pieds | un

Je distingue **l'attribut du sujet et le complément d'objet direct (COD)**

Pour commencer

- **Lis les trois textes ci-dessous.**

a. Fatiah voudrait aller de Paris à Lyon le plus vite possible.
Elle cherche le moyen de transport le plus rapide.
Train ? Avion ? Voiture ? Finalement,
elle prend un billet de train car
le moyen de transport le plus rapide
reste le TGV.

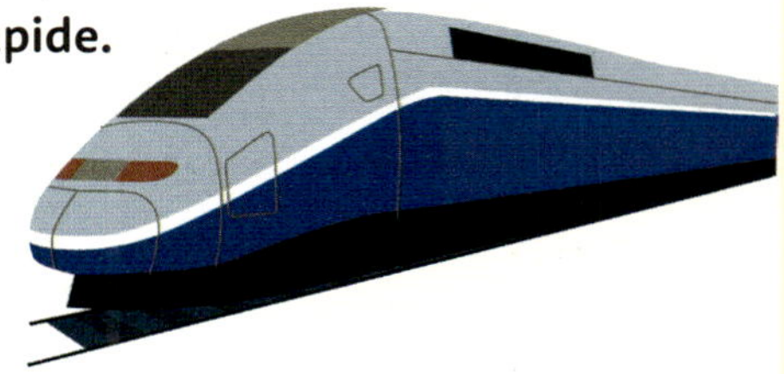

b.

Le vieux marin s'installa au coin du feu
et se mit à raconter l'aventure
qu'il avait vécue en mer de Chine.
Son histoire semblait incroyable
et pourtant **elle était vraie !**
Il était venu à bout de pirates qui avaient pris
le commandement de son navire.
Son histoire passionnait les deux enfants.

c. J'ai lu un livre qui se passe à l'Opéra de Paris
et qui raconte l'histoire de Coline et Mathis.
Les deux enfants apprennent la danse classique.
Ils vont former un duo célèbre.
les deux enfants deviendront des danseurs étoiles.

- **Observe les phrases ou propositions en gras : Dans quelles phrases peut-on remplacer le verbe par le signe = ?**
- **Repère les verbes : quels verbes sont des verbes d'état ?**
- **Repère les COD et les attributs du sujet : indique s'il s'agit de noms, d'adjectifs ou de GN.**

Voici la liste des verbes d'état :
être
sembler
devenir
rester
demeurer
paraitre

Je distingue **l'attribut du sujet et le complément d'objet direct (COD)**

Pour s'entrainer

sur ton cahier
n°1 p. 106
a. La jungle recouvre le centre de cette île
V COD

- **Lis les textes, puis complète les phrases avec les éléments proposés dans les étiquettes.**
- **Ensuite, repère dans ces phrases :**
  - **les verbes d'état (Vé) suivis d'un attribut du sujet (AdS), et indique s'il s'agit d'un adjectif (Adj), d'un nom (N) ou d'un GN ;**
  - **les autres verbes suivis d'un complément d'objet direct (COD).**

1

a. Pour son anniversaire, Nathan a organisé un gouter dans son jardin.
→ ...
Il est très copain avec Jules et Mounir, mais personne ne peut remplacer Mattéo :
→ ...

son meilleur ami | a invité | il | tous ses amis | reste

b. Hier soir, notre équipe disputait la finale régionale de basket.
→ **Avec beaucoup d'énergie,** ...
À l'issue du match, nous avons remporté la coupe !
→ **Nous sommes très fiers, car** ...

avait préparé | l'équipe | invaincue | l'équipe | ce match capital | demeure

2

a. Il y a quatre ans, je suis parti en vacances dans les Vosges.
→ **Ces vacances** ...
En effet, c'est là-bas que j'ai rencontré ma future épouse.
→ ...

des secours d'urgence | nécessite | resteront | les plus belles semaines de ma vie

b. En Haïti, une épidémie de choléra touche une grande partie de l'île.
→ **La situation** ...
Le gouvernement haïtien a besoin de l'aide internationale.
→ ...

la situation | ces vacances | le cours de ma vie | devient | dramatique | ont changé

3

a. M. Biscotto a toujours aimé le sport.
→ **C'est pourquoi il ...**
Karine croise M. Biscotto dans le couloir du gymnase.
→ ...

son entraineur | entraineur | elle | est devenu | salue

b. Ce chef a inventé une nouvelle recette de glace au roquefort.
→ **À la première cuillère, ...**
Certains n'aiment pas du tout cette nouveauté, mais tous sont d'accord pour dire que
→ ...

cette recette | la plupart des gens | surprend | originale | est

4

a. Les aventuriers explorent une ile inconnue :
→ **la jungle <u>recouvre</u> (V) ...**
Des cris étranges et effrayants se font entendre de temps à autre :
→ **la jungle <u>parait</u> (Vé) ...**

la jungle | parait | mystérieuse | recouvre | le centre de cette ile

b. En entrant dans la chambre de la maternité, Noël s'approche aussitôt du berceau.
→ **Pour la première fois, il ...**
Noël sourit, très ému, puis va embrasser sa maman.
→ **Noël ...**

le frère ainé d'Amandine | découvre | est | le visage de sa petite sœur

Pour aller plus loin

Alice, Julie, Émilie et Sarah sont quatre amies.

- **Découvre et rassemble les trois indices donnés sur chacune d'elles.**
- **Ensuite, indique la structure de chaque phrase d'indice :**
S + V + COD ou S + Vé + AdS.

Alice est astucieuse.

Julie a un stylo rouge.

Émilie expose ses statues.

Sarah est endurante.

elle | aime | des enquêtes | est | patiente | les enfants | mène | court | une artiste | est | utilise | une loupe | possède | le marathon | de nombreuses chaussures de sport | travaille | la glaise

- **Précise la profession de chacune : détective / athlète / sculptrice / enseignante.**

Je maitrise
les déterminants

Pour commencer

**• Complète les phrases suivantes avec des déterminants.
Tu devras utiliser des déterminants de différentes catégories.**

Consulte ton aide-mémoire, leçon n° 16.

Devinettes

Trouve ____ animal dont le nom commence par C.
Devine ____ animal auquel je pense : il se déplace par bonds et son nom commence par K.
____ animal bizarre a un bec de canard, une queue de castor et pond des œufs ?
Devine quel est ____ animal préféré : il a une fourrure très douce, aime les carottes et a de grandes oreilles.
Préfères-tu ____ animal ou celui-là ?

Chaque catégorie de déterminants a un emploi particulier. Explique-le.

• Complète ce dialogue avec les déterminants qui conviennent.

– ____ maison habites-tu ?
– ____ petite maison, là, au milieu de la photo.
C'est ____ maison qui ne paie pas de mine, mais c'est ____ seule maison qui me plaisait, alors je l'ai achetée !
– Elle me plait bien, ____ maison !

Pour s'entrainer

sur ton cahier
n°1 p. 108
la nuit (art. déf.)

Ajoute les déterminants qui manquent dans le texte, puis indique leur catégorie entre parenthèses.

1

Lorsque Tiloann se réveille, ____ nuit est encore noire derrière ____ volets. ____ réveil affiche 4 heures ____ matin. Pour se rendormir, il décide de compter ____ moutons… Au bout de 855, il n'a toujours pas sommeil et il entend ____ cœur battre comme ____ tambour. Il énumère toutes ____ peluches de ____ petite sœur en se rappelant ____ noms qu'elle leur donne… Peine perdue. Il ne parvient qu'à s'embrouiller et ____ cœur bat encore plus fort. Mais qu'est-ce que ____ jour (ou ____ nuit) a donc de spécial ? Ce n'est pas ____ jour de Noël. Ni celui de ____ anniversaire. Ni celui de ____ rentrée, ni ____ vacances, ni rien de rien de spécial. En fait, c'est ____ jour qui ne possède absolument rien de particulier.
Trouvant ____ hypothèse satisfaisante, Tiloann se rendort aussitôt. R.F.

2

Lorsque ____ médecin palpa le ventre de ____ Nounours, il fronça les sourcils. Kévin fit de même.
– ____ âge a-t-il, ____ nounours ?
– Trois ans, comme moi, répondit ____ petit garçon.
– Rassure-toi, dit ____ docteur. Pas besoin d'opérer ____ ourson. ____ petite injection devrait suffire. Nounours aurait-il peur ____ piqures ?
– Non, ____ nounours est grand, comme moi. Il n'a pas peur d' ____ simple piqure !
____ jour-là, Nounours fut guéri. Comme furent guéris tous ____ doudous, lapins, girafes, poupées ____ élèves de ____ maternelle qui visitaient ____ hôpital pour ____ première fois. F.L.

3

Dans ____ chambre, il y a tous les jouets de ____ frère. Il parait que ____ chambre est trop petite. Il y a aussi ____ livres ____ parents, parce que ____ chambre aussi est petite, et comme ____ appartement ne comporte pas de bibliothèque... Heureusement que ____ chambre est grande ! On a dû aussi y loger ____ frigo, vu ____ taille de la cuisine... D'ailleurs on mange sur ____ lit, c'est plus pratique. ____ évier se trouve juste à côté de ____ oreiller, je n'ai même pas à me lever pour boire ____ nuit ; je me penche un peu et hop ! je bois un petit peu puis je me rendors.
____ chambre est ____ lieu le plus important de la maison.
Ça me fait plaisir. ____ seule question que je me pose, c'est :
à quoi servent ____ autres pièces ? R.F.

Pour aller plus loin

- **Complète les phrases suivantes avec les mots proposés.**
- **Analyse la phrase et précise si tu as ajouté :**
  - **un pronom complément (Pr) suivi d'un verbe (V) ;**
  - **un article (Art) suivi d'un nom (N).**

sur ton cahier

p. 109
Tu me la montres, ta collection... ?
Pr V

- Tu me ____ ____, ta collection de coquillages ?
- Cette chanson, nous ____ ____ apprise autrefois.
- Cet horloger répare les réveils et ____ ____.
- ____ ____ m'a glissé des mains.
- J'ai collé ____ ____ sur les enveloppes.
- La secrétaire pèse les colis puis elle ____ ____.
- Notre rôle pour la pièce de théâtre, nous ____ ____ par cœur.
- ____ ____ décollent dans un bruit assourdissant.

le	avion(s)
la	savon(s)
l'	timbre(s)
les	montre(s)

Je repère **le groupe sujet, le groupe verbal et les compléments de phrase** (*compléments circonstanciels*)

Pour commencer

- **Observe ces phrases : des élèves ont séparé d'un trait vertical les éléments principaux (groupe sujet, groupe verbal, complément de phrase).**

La neige | tombera | la nuit prochaine.
L'ami de ma sœur | a visité un château abandonné | pendant les vacances.
Avec précaution, | l'infirmier | change le pansement du blessé.
À la moindre caresse, | mon chat | ronronne.
Tu | boudes ?
Dans la forêt voisine, | Lucie et Anatole | cueillent des champignons.
Les trapézistes | exécutent leur numéro | à plus de dix mètres du sol.

- **Maintenant, trouve le sujet de chaque phrase : de qui, de quoi parle cette phrase ?**
- **Trouve ensuite le groupe verbal : qu'est-ce qu'on apprend sur le sujet de la phrase ?**
- **Cherche enfin s'il y a un complément de phrase (ou complément circonstanciel) : on peut le déplacer dans la phrase, on peut aussi le supprimer.**

– Y a-t-il toujours un complément de phrase ?
– Combien de mots composent au minimum le GS ? le GV ?

Pour s'entrainer

sur ton cahier
n°1 p. 110
Toute la famille (GS) a appris cette bonne nouvelle (GV) avec une grande joie. (CC)

Dans ces phrases qui ont des sens proches, souligne le groupe sujet (GS), le groupe verbal (GV) et le complément circonstanciel (CC) s'il y en a un.

1

ⓐ • Toute la famille a appris cette bonne nouvelle avec une grande joie.
• Cette bonne nouvelle a réjoui toute la famille.

ⓑ • En quelques mois, à cause du soleil, les rideaux du salon ont perdu leurs couleurs.
• En quelques mois, le soleil a décoloré les rideaux du salon.

2

ⓐ • Pour Noël, cette maman a offert un beau cadeau à ses trois enfants.
• À Noël, Marion, Paul et Victor ont reçu un beau cadeau de leur maman.

ⓑ • La pleine lune éclaire la nuit presque comme en plein jour.
• La nuit est presque aussi claire que le jour lors de la pleine lune.

3

ⓐ • Ce soir, aux urgences, les deux médecins de garde ont trop de malades à soigner.
• Ce soir, aux urgences, les malades sont trop nombreux pour les deux médecins de garde.

ⓑ • Ce magasin vend seulement des disques d'occasion.
• Les disques d'occasion sont la spécialité de ce magasin.

4

ⓐ • La Coupe du monde de football s'est déroulée en France en 1998.
• En 1998, la France a organisé la Coupe du monde de football.

ⓑ • Les blagues de papa n'amusent pas toujours maman.
• Maman ne rit pas toujours aux blagues de papa.

5

ⓐ • Le sucre adoucit l'amertume du pamplemousse.
• Le pamplemousse semble moins amer grâce au sucre.

ⓑ • Un bébé demande beaucoup de patience à ses parents !
• Les parents d'un bébé doivent avoir beaucoup de patience.

6

ⓐ • En Louisiane, les pêcheurs attrapent surtout de la crevette.
• La crevette est la principale ressource des pêcheurs louisianais.

ⓑ • En 1969, des astronautes ont atterri pour la première fois sur la Lune.
• En 1969, pour la première fois, la Lune a accueilli des astronautes.

Pour aller plus loin

• Observe les éléments proposés et construis uniquement des phrases logiques.
• Ensuite, repère le groupe sujet, le groupe verbal et le complément circonstanciel.

a. à l'Élysée | accueillir | Président | journalistes

b. parents d'élèves | maitresse | recevoir | à l'école

c. la petite Thelma endormie | Sébastien et Bénédicte | surveiller | berceau

d. aspirateur | client | régler | caisse

e. blessé | emporter | infirmiers | hôpital

f. bijouterie | désarmer | cambrioleurs | police

Je distingue **les différents compléments circonstanciels**

Pour commencer

- **Complète les trois phrases en précisant à quel endroit, à quel moment et pour quelles raisons se passent les évènements illustrés.**

a. Le pompier a sauvé la vieille dame.

b. Le cambrioleur s'enfuit.

c. Le singe salue le public.

Pour t'aider

à la fin de son numéro
en raison du danger
à plus de quinze mètres du sol
à cause de l'alarme
du musée du Louvre
au milieu de la piste
en pleine nuit
sur un signe de sa dresseuse
pendant l'incendie

- **Repère les compléments d'objet direct (COD) et les compléments circonstanciels de temps (CCT), de lieu (CCL) et de cause (CCC).**
- **Récris les trois phrases en essayant de modifier la place de ces compléments.**
  Quels sont les compléments qu'on peut déplacer ?
  Quels sont ceux qu'on ne peut pas déplacer ?

Pour s'entrainer

- **Dans ces textes, repère les compléments circonstanciels de temps (CCT), de lieu (CCL) et de cause (CCC).**

sur ton cahier
n°1 p. 113
Hier vers midi
CCT

1

Expérience stupide

Hier vers midi, mon chien somnolait sous la table du jardin. Sous prétexte de m'amuser un peu, j'ai posé un glaçon sur la table. Grâce à la chaleur du soleil, le glaçon a fondu. L'eau froide s'est mise à couler sur la tête de King-Kong. Sous l'effet de la surprise, l'énorme doberman s'est relevé brusquement. Il a renversé la table, et toute la vaisselle s'est brisée sur le carrelage ! En raison de cet incident stupide… je suis privé d'argent de poche pendant six mois.

2

Devant ma porte, un matin, j'ai trouvé une surprise. Une surprise dans un paquet cadeau. À côté de la surprise, il y avait un type que je ne connaissais pas. Pour une raison inconnue, Il me souriait. Vu son attitude amicale, je lui ai offert un café dans la véranda. Le type ne disait rien, mais il adorait le café. Il en a bu trois tasses. Soudain, il s'est levé et a disparu en moins d'une seconde (forcément, à force de boire du café…). Son paquet cadeau, je l'ai posé sur le buffet, à la place de mon vase en cristal. Je n'y ai pas touché…. Non. Je ne l'ai pas ouvert, et je ne sais pas si je l'ouvrirai un jour. Pourquoi ? Ben… Parce que si je l'ouvre, il n'y aura plus de surprise !… R.F.

3

Mon grand-père aimait nous rassembler dans le salon, après le repas, pour nous présenter des tours de magie. Et à chaque fois, je dois vous prévenir, du fait de son manque de talent… ses tours rataient. Ce soir-là, il avait caché une colombe dans la manche de sa veste. Le pauvre oiseau pouvait à peine respirer en raison du manque d'air. Mon grand-père posa un grand foulard sur son poing levé. Il nous dit d'observer ce qui allait se produire. Après quelques abracadabras, il leva sa baguette magique, mais la colombe resta coincée dans sa manche. À force de secousses vigoureuses, elle finit par s'envoler et disparut par la fenêtre ouverte. Le magicien amateur, tout penaud, salua le public, et faillit perdre l'équilibre. Toute la famille pensait qu'il ferait mieux de présenter un numéro de clown !

Je distingue **les différents compléments circonstanciels**

- **Dans ces textes, repère les compléments circonstanciels de temps (CCT), de lieu (CCL) et de cause (CCC).**

4

Le rhinocéros vit généralement solitaire dans la savane. Pendant la nuit, il mange d'énormes quantités d'herbes et de feuilles, du fait de son poids colossal ! Les rhinocéros noirs sont chassés à cause de leur corne. Chaque année, en Afrique, des braconniers tuent des rhinocéros. En raison de ces massacres, depuis 2003, le rhinocéros noir fait partie des espèces en danger d'extinction.

5

Regarde là-bas, observe ce point minuscule, là où le chemin semble vibrer sous l'effet de la chaleur de juillet ... C'est un inconnu qui s'avance.
Dans sa bouche il y a un brin d'herbe fraiche, et dans sa poche deux ou trois cailloux ronds et brillants. Ils font une joyeuse musique à force de s'entrechoquer.
L'homme avance à grandes enjambées, comme s'il était pressé de venir faire ta connaissance.
Et le voilà qui arrive devant ta maison. Mais toi, en raison de ton immense timidité, tu restes cachée derrière les rideaux.
Pourquoi ne pas aller à sa rencontre ? Quelle est cette peur stupide qui t'empêche de faire sa connaissance ? Trop tard... Il est passé. Il a regardé avec curiosité dans ta direction, mais ne t'a pas vue, à cause des rideaux fermés. Il s'éloigne déjà, te laissant seule avec ta splendide collection de rendez-vous manqués.

Pour aller plus loin

- **Forme huit phrases avec les éléments ci-dessous, sans oublier les majuscules, les points et les virgules.**
- **Puis surligne les compléments circonstanciels de cause (CCC).**

à cause des conditions météo très mauvaises | à force de tirer sur sa laisse

grâce aux efforts des pompiers | la glace a fondu | le voyage a été annulé

compte tenu du manque de neige | le petit chat a pu redescendre de l'arbre

la sortie ski de fond est reportée à la semaine prochaine

sous l'effet de la chaleur | de nouvelles représentations sont programmées

en raison du très grand succès de ce spectacle | le chien a fini par s'échapper

Je conjugue
les verbes au futur

Pour commencer

Continue de trier ces formes verbales au futur dans le tableau.

nous jouerons | il sourira | j'oublierai | ils continueront
tu grandiras | elle skiera | tu apprécieras | je remplirai
vous crierez | nous sortirons | ils s'évanouiront | vous lirez

La terminaison contient les lettres **-er-**	La terminaison contient la lettre **-r-**
j'oublierai tu …	je …

Cherche l'infinitif de chaque verbe : que remarques-tu ?

Pour s'entraîner

Conjugue les verbes au futur.

1

Quand nous ___ prêts, tu ___ : « 3, 2, 1, partez ! »	être - crier
La prochaine fois, j'espère qu'il n'___ pas ses affaires.	oublier
Quand j'___ le temps, je ___ que mon bureau est bien rangé.	avoir - vérifier
Demain, je ___ ma robe à fleurs.	mettre
Quand tu ___ cinq minutes, nous ___ les draps.	avoir - plier
L'été prochain, nous ___ un appartement au bord de la mer.	louer
C'est promis, je m'___ bien de ton hamster.	occuper

2

Les habitants de cette ville ___ leur maire dimanche prochain.	élire
La semaine prochaine, papa ___ le bois pour l'hiver.	scier
Quand le téléphone ___, je ___.	sonner - répondre
Dès que vous ___ préparé la commande, vous l'___ au client.	avoir - expédier
Demain, je ___ l'éclipse de soleil.	photographier
Ils ___ de bonnes habitudes.	prendre
J'espère que Kim ___ le cadeau que je lui ai fait.	apprécier

Je conjugue **les verbes au futur**

Conjugue les verbes au futur.

3

Dès demain, nous ______ nos déchets, promis !
Et nous ______ ce qui doit être trié.
Vous ______ quand vous ______ cette histoire drôle.
Les élèves ______ leur leçon par cœur.
Tu me ______ mon vélo demain.
Je ______ le lit d'appoint pour que Frédéric puisse dormir ici.
Cet auteur ______ bientôt une nouvelle BD.

réduire
trier
sourire - lire
apprendre
rendre
déplier
publier

4

Pendant que les pâtes ______, nous ______ la table.
L'été prochain, nous ______ une cabane dans les arbres.
Les déchets ______ à la poubelle.
L'an prochain, mon cousin ______ le chinois.
Tu ______, cette histoire te ______ beaucoup.
Quand tu ______ à la plage, tu te ______ des méduses.
Demain matin, nous ______ la tente et nous ______ notre randonnée.

cuire - mettre
construire
finir
étudier
voir - plaire
aller - méfier
replier
continuer

5

Les lionceaux ______ près de leur mère et ______ pour apprendre à chasser.
Demain, nous ______ en vacances.
L'année prochaine, ils me ______ pour mon aide.
Dès qu'il ______ son permis, Colin ______ la voiture de ses parents.
En changeant de métier, le jeune homme ______ des expériences nouvelles.
Léa et Guillaume ______ en juin. Ils ______ tous leurs amis.
Ce soir, tu ______ dans la chambre d'amis.

grandir - jouer
partir
remercier
avoir - conduire
vivre
se marier - inviter
dormir

6

Vous ______ la leçon avant de faire votre exercice.
« Pour demain, vous ______ le chapitre suivant. »
Une autoroute ______ bientôt ces deux villes.
Aux vacances d'hiver, je ______ dans les Alpes.
Le facteur t'______ ton colis demain matin.
Cette nouvelle porte ______ le passage.
Nous ______ du mauvais temps pour ranger notre chambre.

copier
lire
relier
skier
apporter
simplifier
profiter

7

« Demain, le temps ______ maussade et le ciel ______ chargé :
des nuages épais ______ la majeure partie de la région.
Seul le sud de l'Ardèche ______ d'un temps ensoleillé.
Les températures ______ un peu en cours de journée,
et la pluie ______ son apparition en soirée.
Des vents violents ______ les cocotiers...
Euh... Désolé, chers auditeurs, mais vous ______
que j'ai besoin de vacances au soleil ! »

être - rester
couvrir
bénéficier
grimper
faire
secouer
comprendre

Pour aller plus loin

Complète ces proverbes en conjuguant les verbes au futur, puis trouve le numéro de la phrase qui explique chacun.

a. Que chacun balaie devant sa porte et les rues ... nettes. (être)
b. Le fruit le plus mûr ne vous ... pas dans la bouche. (tomber)
c. Fais-toi mouton, le loup te ... . (manger)
d. Qui rit vendredi, dimanche ... . (pleurer)
d. Écoute avant de parler,
et peut-être ...-tu qu'il faut te taire. (voir)
e. ... bien, qui ... le dernier ! (rire)
f. Ceux qui ... les derniers au repas,
... tard, ou ne ... pas. (venir - diner - diner)
g. Les jeunes gens disent ce qu'ils font,
les vieillards ce qu'ils ont fait,
et les sots ce qu'ils ... . (faire)
h. Qui a bu ... . (boire)

Explications :

1. Aujourd'hui c'est toi le vainqueur, mais j'aurai ma revanche, un jour !
2. Celui qui parle trop, sans réfléchir, ferait mieux, souvent, de se taire.
3. Celui qui un jour a montré une faiblesse retombera tôt ou tard dans cette même faiblesse.
4. Il faut s'occuper de ses propres problèmes avant de s'occuper de ceux des autres.
5. Il y a des jours heureux et d'autres moins.
6. On n'a rien sans efforts.
7. Il n'est pas prudent ni raisonnable de parler trop tôt de ses projets.
8. Quand on est en retard, on risque d'avoir moins que les autres, ou rien du tout.
9. Si tu te montres faible devant un adversaire, il en profitera.

Je reconnais **deux compléments de verbe : les COD et les COI**

Pour commencer

- **Recopie et complète ces six phrases à l'aide des étiquettes proposées. Parfois, il faudra utiliser une préposition (*à*, *de*).**

– Julien organise …
– Souvent, papa se sert …
– Maman téléphone …
– Marie attrape …
– Marie joue …
– Maman rencontre …
– Souvent, papa utilise …
– Julien se réjouit …

Étiquettes : à | de | la balle. | la directrice. | ses prochaines vacances | l'ordinateur.

- **Peux-tu expliquer pourquoi certains compléments sont appelés compléments d'objet directs et d'autres compléments d'objet indirects ?**

sur ton cahier

n°1 p. 118
Fatima (S) se souvient (V) (de) son voyage (COI).

Pour s'entrainer

- **Recopie chaque phrase et souligne le sujet (S), le verbe (V) et le complément d'objet.**
- **Si le complément commence par la préposition à ou de, entoure-la.**
- **Ensuite, écris s'il s'agit d'un complément d'objet direct (COD) ou d'un complément d'objet indirect (COI).**

1

- Fatima se souvient de ses vacances.
- Fatima prépare ses vacances.
- La maitresse parle à l'inspecteur.
- La maitresse salue l'inspecteur.
- Théo réfléchit à son exercice.
- Théo corrige son exercice.

2

- Elle s'occupe de son petit frère.
- Elle surveille son petit frère.
- La sportive rêve de la médaille d'or.
- La sportive espère la médaille d'or.
- Le film a plu à toute la classe
- Le film a amusé toute la classe.

3

- Le bébé sourit à sa maman.
- La bébé embrasse sa maman.
- Le petit chien obéit à son maitre.
- Le petit chien reconnait son maitre.
- Les élèves s'aperçoivent de leurs erreurs.
- Les élèves corrigent leurs erreurs.

4

- Théo répond à la maitresse.
- Théo écoute la maitresse.
- Les footballeurs croient à la victoire.
- Les footballeurs espèrent la victoire.
- Mon frère ressemble à mon père.
- Mon frère chatouille mon père.

5

- Sarah écrit à sa grand-mère.
- Sarah embrasse sa grand-mère.
- Ce livre appartient à Tatiana.
- Ce livre passionne Tatiana.
- Les souris se méfient de mon chat.
- Les souris craignent mon chat.

6

- Louis se moque de son frère.
- Louis taquine son frère.
- Joanna imagine son avenir.
- Joanna pense à son avenir.
- Les enfants profitent de la piscine.
- Les enfants apprécient la piscine.

Pour aller plus loin

Le savais-tu ?

Je joue → à la balle. / → aux cartes. / → au foot.

L'article aux *remplace deux mots :* à + les.

L'article au *remplace deux mots, lesquels ?*

La souris se méfie → de la chouette. / → du hibou. / → des hiboux.

L'article du *remplace deux mots :* de + le.

Ici, l'article des *remplace deux mots,* de + les

- **Lis les phrases suivantes, et classe-les en deux catégories : phrases avec COD et phrases avec COI.**

Fais attention aux articles comme **au** ou **des** !

- J'écris au directeur.
- Je rencontre le directeur.
- J'écris à la directrice.
- Je rencontre la directrice.

- Ce paysage me fait penser à l'Espagne.
- Ce paysage me rappelle l'Italie.
- Ce paysage me fait penser aux Etats-Unis.
- Ce paysage me rappelle les Pyrénées.

- Je joue de la guitare.
- Je joue du violon.
- Je joue des cymbales.

- Mon grand-père raconte sa jeunesse.
- Mon grand-père parle du bon vieux temps.
- Mon grand-père parle des enfants.
- Mon grand-père parle de sa jeunesse.

Je distingue **les compléments du verbe, du nom, de phrase**

Pour commencer

a. Place les compléments encadrés dans les phrases suivantes.

Y a-t-il plusieurs emplacements possibles ?

- la nuit → En été, j'apprécie la fraicheur
- de la nuit → Les hiboux se mettent en chasse
- la nuit → Leur hululement déchire

- un balcon → Mon ancien appartement avait
- du balcon → Je peux voir la tour Eiffel
- du balcon → Il faut que je repeigne la balustrade
- du balcon → Dès que j'aurai fini de balayer le salon, je m'occuperai

b. Observe les trois phrases ci-dessous.

J'ai décoré mon [sapin] de Noël. ← (flèche de « de Noël » vers « sapin »)

Léa et Noé [rêvent] de Noël. ← (flèche de « de Noël » vers « rêvent »)

À Noël, [les magasins sont fermés]. → (flèche de « À Noël » vers « les magasins sont fermés »)

- **Observe les flèches, puis explique ce qu'elles signifient.**
  Comment reconnais-tu un complément du nom ? un complément d'objet (ou complément de verbe) ? un complément circonstanciel (ou complément de phrase) ?
- **Dans les phrases ci-dessus, indique si les compléments encadrés sont des compléments du nom, des compléments d'objet ou des compléments circonstanciels.**

Pour s'entrainer

- **Complète toutes les phrases avec les mots choisis dans les étiquettes.**
- **Indique s'il s'agit de compléments du nom (CdN), de compléments d'objet (CO) ou de compléments circonstanciels (CC).**

1

ⓐ
- Je vais essayer ta recette
- Le chef cuisinier goute avant de le servir.
- Une tajine est un plat marocain qui ressemble

Étiquettes : au | le | couscous | de

ⓑ
- La nuit dernière, j'ai rêvé
- Le fumier est un très bon engrais.
- On dit que les fers portent bonheur.

Étiquettes : de | cheval | à

2

ⓐ • C'est la rentrée
• Le ménage a été fait à fond
• Pendant les vacances, les employés de la mairie se sont bien occupés

des | classes | dans | les

ⓑ • Gaëtan prend des leçons
• Cela fait déjà quelques mois qu'il apprend
• Il range toujours dans son étui.

de | guitare | sa | la

3

ⓐ • Joachim n'avait jamais été aussi heureux
• Il nous a parlé pendant des heures
• Partir s'installer au Brésil était le rêve

de | sa | vie

ⓑ • Le randonneur contemplait l'horizon
• Il ne faut pas laisser trainer de déchets
• Il a atteint en moins de trois heures.

du | sommet de la montagne | au | le

4

ⓐ • Un petit chien faisait la sieste
• J'ai verrouillé
• Je te confie la clé, ne la perds pas !

devant | la | porte | de

ⓑ • Lors du dernier tournoi de tennis, Jeanne a connu
• Elle n'était pas assez entrainée, c'est la principale raison
• Elle s'est promis de faire des progrès.

un | échec | de | son | après | cet

Pour aller plus loin

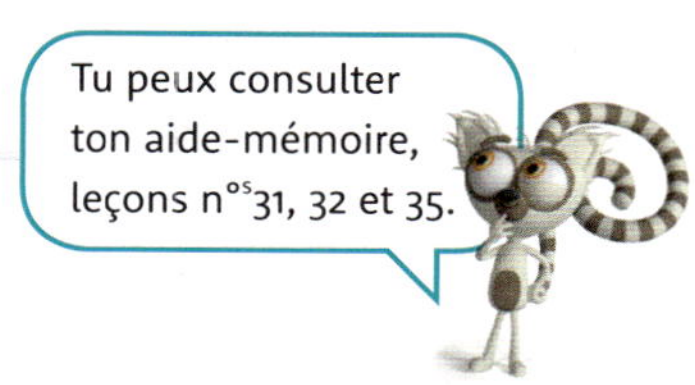

Observe les phrases suivantes et analyse les compléments soulignés : s'agit-il d'un complément circonstanciel ou d'un complément du nom ?

Charlotte n'a pas fermé l'œil de la nuit.
Le hibou s'envole et trouble le silence de la nuit.

Il a téléphoné à ses parents de la gare.
Il a acheté un sandwich à la brasserie de la gare.

Il a écrit une carte postale de Paris.
J'aimerais visiter les monuments de Paris.

Je manipule **des phrases simples et des phrases complexes**

Pour commencer

1. Complète les deux phrases avec des mots de liaison :

« Prends à gauche ____ prends à droite, ____ ne continue surtout pas tout droit ! »

« Vous n'avez fait que la moitié du travail, ____ je ne vous dois que la moitié du tarif ! »

- **Dans ces phrases, souligne les verbes conjugués, puis sépare d'un trait les propositions.**

Combien y a-t-il de propositions dans chaque phrase ?

2. Voici des phrases simples. Relie-les à l'aide d'une conjonction de coordination pour constituer des phrases complexes.

Pense à modifier la ponctuation !

Il faut se dépêcher de rentrer. La nuit tombe vite.

J'aurais aimé rester plus longtemps. J'ai un train à prendre.

Je suis l'ainée de la famille. Je suis plus âgée que mon frère.

Voulez-vous dormir ici ? Préférez-vous rentrer chez vous ?

Le musée est ouvert tous les jours. L'entrée est gratuite.

Je ne trouve plus mon téléphone. Je suis sure de l'avoir mis dans la boite à gants.

car
donc
et
mais
or
ou

Pour s'entrainer

- **Ajoute des mots de liaison (conjonctions de coordination ou adverbes) quand tu vois ★, et modifie la ponctuation au besoin.**
- **Repère une phrase simple : surligne le verbe conjugué en jaune.**
- **Repère une phrase complexe : surligne les verbes conjugués en vert.**

Pour t'aider

Des mots de liaison

Conjonctions de coordination		Adverbes de temps		Autres adverbes	
mais	or	alors	enfin	en effet	par conséquent
ou	ni	aussitôt	ensuite	pourtant	seulement
et	car	d'abord	puis	aussi	tout de même
donc		désormais	…	cependant	toutefois
				en revanche	…

1

La pluie tombait depuis le matin. Selon la météo, ça ne risquait pas de s'arranger.
Mon chien gémissait dans l'entrée. ★ Il n'avait pas eu sa promenade quotidienne.
Il était assis devant la porte et me lançait des regards suppliants.
Je n'avais aucune envie de sortir. ★ Mon chien ne me laissait pas le choix !
La promenade fut un supplice : où avais-je la tête pour oublier mon parapluie ?
L'eau glaciale me dégoulinait dans le cou, ★ mes chaussures prenaient l'eau.
Dès notre retour à la maison, la pluie cessa, ★ le soleil se mit à briller.
Je maudis la météo et me préparai une tisane pour me réchauffer.

2

Je ne trouve plus ma console de jeux. ★ Je suis sûre de l'avoir bien rangée.
Hier, elle était sur ma table de nuit. Aujourd'hui, elle a disparu. Qui a pu toucher à mes affaires ?
Ma grande sœur n'est pas là en ce moment : ★ ça doit être mon petit frère le coupable ! Il n'a pas le droit de rentrer dans ma chambre. ★ Il se permet de le faire de temps à autre. Je regarde une dernière fois sous le lit : saperlipopette, ma console !
J'ai soupçonné mon petit frère un peu vite ; ★ je ne l'accuserai plus sans preuve.

3

L'été dernier, je suis allé en vacances en Norvège.
Mon père m'avait promis une belle surprise ★ il n'avait pas voulu m'en dire plus.
Un soir, il me proposa d'admirer le coucher de soleil. Bientôt, Je commençai à me sentir fatigué. Le temps semblait s'être arrêté : ★, le soleil ne se décidait pas à se coucher !
Je pensais qu'il était à peu près neuf heures du soir ★ il était en réalité presque minuit !
Mes paupières se fermaient toutes seules ★ j'étais très fatigué. Mon père m'a tout expliqué !
Dans les pays nordiques, le soleil ne se couche pas en été.
L'axe de la terre est un peu penché vers le soleil, ★ les régions proches du pôle reçoivent de la lumière en permanence.

4

Les plantes carnivores poussent sur des sols très pauvres ★, comme toutes les plantes, elles ont besoin de se nourrir.
Elles ont développé une astuce pour « manger » : elles piègent les insectes, ★ elles les digèrent !
Observons la technique de la dionée attrape-mouche.
L'insecte s'approche de la plante ; ★ il est attiré par son odeur.
il effleure à peine l'intérieur de la « mâchoire » ★ le piège se referme sur lui.
il n'a pas le temps de s'enfuir ★ la fermeture est trop rapide.
Après quelques jours, la mouche est digérée ★ le piège s'ouvre à nouveau.

Je conjugue **les verbes à l'imparfait et au passé simple**

Pour commencer

- **Compare les deux textes ci-dessous.**

Tous les matins, le réveil sonnait à cinq heures précises. Alors, Hubert se levait, prenait une douche, s'habillait, buvait un café, enfilait son manteau et partait au travail.	Ce matin-là, le réveil sonna à cinq heures précises. Aussitôt, Gustave se leva, prit une douche, s'habilla, but un café, enfila son manteau et partit au travail.

- **Repère les verbes conjugués. À quel temps sont-ils employés ?**
  Explique la différence d'emploi entre le passé simple et l'imparfait dans ces deux textes.

- **Dans les trois textes suivants, choisis les formes verbales qui conviennent le mieux parmi celles qui te sont proposés**

a. D'habitude, Léa (mangeait / mangea) des céréales pour le petit déjeuner.

Mais ce matin-là, elle (décidait / décida) de changer et (buvait / but) un bol de cacao.

b. Alors qu'habituellement, mon oncle (prenait / prit) le train de 17 h 24 pour rentrer chez lui, ce jour-là, il (prenait / prit) le train suivant et cette décision (changeait / changea) sa vie : c'est dans ce train qu'il (rencontrait / rencontra) sa future épouse !

c. En 1885, Louis Pasteur (parvenait / parvint) à mettre au point un vaccin contre la rage qui (était / fut) alors une maladie mortelle. Le premier enfant vacciné (s'appelait / s'appela) Joseph Meister. Il ne (mourait / mourut) pas et (guérissait / guérit) définitivement.

- **Recherche l'infinitif des verbes conjugués au passé simple, puis complète ce tableau :**

Terminaisons	-a / -èrent	-it / -irent	-ut / -urent	-int / -inrent
Verbes	elle décida, v. décider			

Pour s'entrainer

Complète le texte avec les verbes conjugués à l'imparfait ou au passé simple.

1

La porte de la chambre _____ et l'interminable flot des médecins	s'ouvrir
et des infirmières _____. Toutes et tous _____ autour du lit de	entrer - s'attrouper
Mona. Un détail bizarre _____ son attention : un lutin facétieux	attirer
_____ les blouses blanches et _____ derrière le gros docteur.	suivre - se cacher
C'_____ un clown, mais pas n'importe quel clown :	être
un clown-fille. Elle lui _____ une grimace et, complice,	faire
la petite malade lui _____ un sourire.	adresser
Elle en _____ presque ses terribles maux de tête	oublier
et tous ces tuyaux qui _____ ses mouvements. Le clown _____	gêner - disparaitre
puis _____ derrière l'infirmière. Ah, la coquine ! Là, assise	réapparaitre
dans son lit, la petite au crâne nu _____ aux éclats. F.L.	rire

2

L'illusionniste _____ sur la scène dans un halo de fumée.	apparaitre
Il _____ en pensant au tour qu'il _____ pour la fin de son numéro,	sourire - réserver
le plus incroyable de tous, qui _____ toujours le public	laisser
stupéfait. Il _____ les bras, _____ les doigts et _____	lever - tendre - paraitre
se figer dans cette position. Les spectateurs _____	garder
les yeux fixés sur les mains du magicien.	
Ses doigts _____, puis ses bras _____ entrer	frémir - sembler
en vibration. Il y _____ comme un flou.	avoir
Puis, plus rien : la scène soudainement	faire
vide _____ hurler la salle.	
Le public n'en _____ pas ses yeux.	croire

3

Bicyclette à la main, tous les amis du Vélo-club _____ une	former
joyeuse haie d'honneur. Les cloches _____ à toute volée quand	sonner
les portes de l'église _____ en grand sur les jeunes mariés.	s'ouvrir
Les grains de riz _____ joyeusement au-dessus de leurs têtes.	voler
Sur le perron, les mariés _____ une pause pour la traditionnelle	marquer
photo, puis le cortège _____ lentement. Il _____ un bon quart	s'ébranler - falloir
d'heure à tous les invités pour sortir de l'édifice. Le lendemain,	
le journal local _____ la photo du mariage en première page :	publier
ce n'_____ pas tous les jours qu'une championne de France	être
de cyclisme _____ à Vézouilly-les-Piétailles ! F.J.	se marier

Je conjugue **les verbes à l'imparfait et au passé simple**

Complète le texte avec les verbes conjugués à l'imparfait ou au passé simple.

4

Au Moyen Âge, un château ______ ici. C'______ celui du comte	s'élever - être
Guiraud de Mortepierre, un seigneur cruel qui ______ plus de	s'occuper
remplir son coffre que le ventre de ses paysans.	
Un jour, un troubadour ______ asile. Mortepierre n'______ pas les	demander - aimer
troubadours, mais il ______, à cause du regard étrange du visiteur.	accepter
Lors de la soirée, le troubadour ______ une histoire singulière.	raconter
Avec le feu de son regard, il ______ tout le monde.	endormir
Le lendemain, lorsque les habitants du château ______,	se réveiller
le troubadour ______ déjà loin. Et avec lui, le coffre de Guiraud	être
de Mortepierre. R.F.	

5

Il y a longtemps, en Louisiane, ______ Lapin et Bouki. Une année,	vivre
ils ______ des pommes de terre. Lapin, qui ______ rusé, dit à Bouki	planter - être
de choisir la partie de la plante qu'il ______, ce qui ______ sous	préférer - être
la terre ou au-dessus de la terre. Bouki, qui ne ______ pas	savoir
que les parties vertes de la plante ne se ______ pas, ______	manger - choisir
les tiges et les feuilles... Ainsi, Lapin ______ toutes les pommes	garder
de terre pour lui !	
L'année suivante, ils ______ du maïs : cette fois-ci, Bouki, qui	semer
ne ______ pas se faire avoir une deuxième fois, ______ à garder	vouloir - demander
ce qui ______ sous la terre : hélas pour lui, tous les bons épis	pousser
de maïs ______ pour Lapin et Bouki n'______ que les racines !	faire - avoir

Pour aller plus loin

La Marquise d'Alambic raconte sa dernière expédition à sa bonne amie, la Duchesse de la Fourche.

Aide-toi des rimes et de ton aide-mémoire, leçon n° 26, pour retrouver les terminaisons peu utilisées du passé simple.

« Nos vacances en Afrique **f...**
une véritable aventure !
D'abord nous **rencontr...**
un troupeau d'hippopotames
Le lendemain, nous **v...**
des singes à la cime
des arbres les plus hauts.
Plein de photos
aussitôt nous **pr...**,
absolument sublimes !
Ensuite nous **cour...**
dans la brume à la recherche
de gorilles en famille.
Nous les **rencontr...**
au son des tamtams.
Nous **découvr...**
des espèces rarissimes
- Est-il vrai que vous **f...**
des découvertes insolites ?
On dit que vous **rencontr...**
des petits babouins acrobates,
et que vous **aperç...**
des macaques hirsutes.
- C'est exact, ma chère
Ces singes nous **stupéfi...** !
Avant de rentrer, nous
nous **pl...**
à ramasser quelques plumes
d'autruche magnifiques.
Vraiment, vive l'Afrique !

Je conjugue **les verbes à l'imparfait et au plus-que-parfait**

Pour commencer

- **Observe les phrases suivantes : repère les verbes conjugués, puis trace et complète l'axe des temps.**

a. La neige a fondu, on voit les premières primevères.
b. J'avais réparé l'ordinateur, je pouvais à nouveau lire mes courriels.
c. Les enfants n'ont plus faim, car ils ont mangé comme des ogres.
d. Quand nous avions fini notre travail, nous pouvions lire tranquillement.

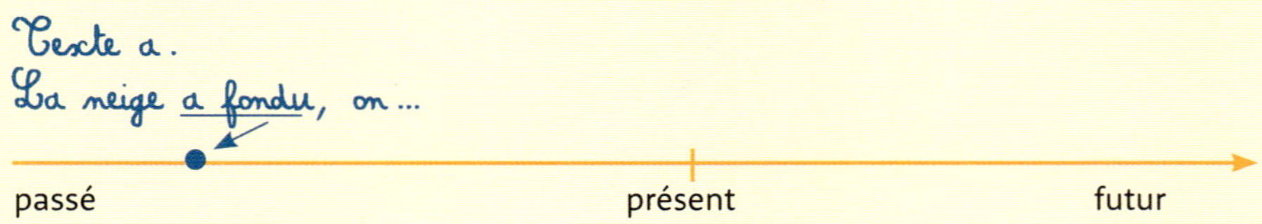

– Quels sont les verbes conjugués à un temps composé ? À quel temps est utilisé l'auxiliaire ?
– Explique les ressemblances et les différences entre le plus-que-parfait et le passé composé.

- **Transpose les phrases a et c au passé, en employant l'imparfait et le plus-que-parfait.**

Pour s'entrainer

Complète le texte avec les verbes conjugués à l'imparfait ou au plus-que-parfait.

1

Tonton Zéro avait réservé un vol pour le premier jour des vacances de Pâques. Maman avait donné son accord pour que je l'accompagne, les parents de Tiloann _____ eux aussi _____ favorablement.	répondre
Tonton _____. Il _____ _____ des chameaux pour porter le matériel et la nourriture, et pour soulager nos petites jambes fatiguées lors de trop longues étapes...	jubiler – réserver
Je me _____ un truc... Tonton _____-il _____ aux lampes frontales, pour les étapes de nuit ?	se demander – penser
– Bien sûr ! Je les _____ _____ hier, a répondu tonton, tout fier.	acheter
Il _____ _____ aussi des gourdes extra-plates, des casquettes éponge et des pantalons multi-poches.	prévoir
Tout ça me _____ trop beau pour y croire.	paraitre
– Et ton passeport ? j'ai demandé tout d'un coup. Tu l'as fait refaire ? Au silence qui a suivi, j'ai compris que tonton, une fois de plus, _____ _____ le principal...	oublier

Je conjugue **les verbes à l'imparfait et au plus-que-parfait**

Complète le texte avec les verbes conjugués à l'imparfait ou au plus-que-parfait.

2

Il avait neigé toute la nuit. De bon matin, Lucie ______ ______ et ______ les volets : la neige fraiche la ______ d'excellente humeur : « Je n'______ pas de la neige aussi tôt dans la saison, pensa-t-elle. Elle ______ ______ et ______ ______ à toute vitesse, pour profiter de la neige au plus vite. Quand elle voulut chausser ses skis, ce fut la déception : Lucie ______ ______ de plus de dix centimètres en un an, et ses pieds ne ______ plus dans les chaussures Elle soupira : « Moi qui me ______ tant de gouter cette première neige »

se réveiller
ouvrir – mettre
espérer
déjeuner – s'habiller

grandir
rentrer

se réjouir

3

Quand j'étais étudiant, je vivais seul dans un petit studio. Un soir, alors que je ______ de l'université, une énorme surprise m'______... Pendant mon absence, des événements étranges ______ ______ : quelqu'un ______ ______ la vaisselle, mes livres ______ mystérieusement ______ leur place sur les étagères, on ______ ______ l'aspirateur Etait-ce une gentille fée qui ______ ______ mon lit ? Ou de bons petits lutins qui ______ ______ la salle de bains ? Soudain, je compris : j'______ ______ par erreur dans l'appartement voisin !

rentrer
attendre
arriver – ranger
retrouver
passer
faire
nettoyer
rentrer

4

Tous les critiques littéraires avaient écrit que ce livre était dangereux. Ils ______ de ne pas le laisser à portée des enfants ; il ______ un pouvoir irrésistible sur tous ceux qui ______ l'ouvrir. Victor ______ ______ en avoir le cœur net.
Sans attendre, il l'______ ______ à la première page.
À peine ______-il ______ ses yeux sur les premiers mots qu'il ______ ______ soudainement happé avec force vers l'intérieur. Il n'______ pas ______ résister, et ______ ______ la barrière des mots et des phrases. Ainsi ______-il ______ au beau milieu d'une sombre clairière tout près de la demeure d'un géant malfaisant... Les critiques l'______ pourtant ______ ! F.L.

recommander
exercer – oser
vouloir
ouvrir
poser
se sentir
pouvoir – franchir
atterrir

prévenir

5

Mme Golu avait tout prévu. Elle avait cuisiné son potage préféré. Elle _____ _____ le film le plus romantique qu'elle _____ _____ y trouver. Elle _____ abondamment _____ son chat afin d'éviter qu'il ne réclame. Elle _____ _____ son téléphone Elle _____ enfin pouvoir passer une soirée TRAN-QUILLE.
À 21h21, cependant, on sonna à l'interphone.
Qui cela _____-il être ? Qui _____ la déranger ? Elle décrocha l'appareil.
– Qui est là ?
– Hou hou ! Coucou ! Devine ! grésilla une voix enjouée.
– Je ne vois pas ! soupira la retraitée qui n'_____ aucune envie de voir...
– Surprise ! C'est Germaine ! Tu as toujours ta chambre d'amis ? Je suis en ville pour une petite quinzaine et je me me suis dit que ça _____ trop longtemps que je ne _____ pas _____ ! F.J.

emprunter
pouvoir – nourrir
couper
aller
pouvoir – oser
avoir
faire – voir

6

Ce jour-là, nous étions arrivés très en avance car l'organisateur du concours nous avait prévenus que les candidats étaient très nombreux. Mirza _____ absolument adorable : j'_____ _____ beaucoup de temps à la préparer : son poil _____, son museau _____, et je lui _____ même _____ un petit manteau qui lui _____ beaucoup de classe . Elle _____ gagner le concours, j'en _____ sûr ! C'est à ce moment-là que deux énormes chiens _____ _____ et _____ _____ faire connaissance avec Mirza. La pauvre a eu la peur de sa vie, car elle n'_____ jamais _____ de monstres de cette taille ! Elle se sauva, et quand je la retrouvai, elle _____ couverte de boue, elle _____, et des ronces _____ _____ son manteau... F.L.

être – passer
briller
frétiller – acheter
donner – aller
être
arriver – vouloir
voir
être
grelotter – déchirer

Pour aller plus loin

Dans les phrases suivantes, conjugue l'un des verbes à l'imparfait, l'autre au plus-que-parfait. Ensuite, trace et complète l'axe du temps.

Charlotte et Valentin ... d'un film qu'ils ... la veille. (*discuter – voir*)
Malgré ses efforts, Sarah ne ... pas à finir le livre qu'elle ... . (*parvenir – commencer*)
Les deux enfants ... eux-mêmes la glace qu'ils ... dans la cuisine. (*préparer – déguster*)
Les graines qu'il ... deux semaines plus tôt ... enfin de terre. (*semer – sortir*)
Depuis une heure, ils ... la clé de la voiture que Manuel ... sur la plage. (*chercher – perdre*)
Après leur mariage, mes parents ... dans une vieille maison qu'ils ... petit à petit. (*s'installer – rénover*)

Je révise
toutes les fonctions grammaticales

Pour commencer

- **Indique la fonction grammaticale du groupe nominal en couleur.**

Les touristes s'installent à la terrasse **du café**.
Le café n'ouvrira pas avant une heure.
Dans ce café, il n'y a plus une place de libre.
Au petit déjeuner, la boisson préférée des français reste **le café**.
Débarrasse la table, je m'occupe **de ton café**.
Mathias a bu **un café** avant de partir.

CdN S COD
AdS CC
COI

- **Puis complète le tableau ci-dessous.**

	S	COD	COI	CdN	CC	AdS
Complète un nom.				✔		
Complète un verbe.						
Complète une phrase.						
Peut être déplacé dans la phrase.						
Peut être supprimé dans la phrase.						
Peut être remplacé par un pronom.						
Suit un verbe d'état.						
Précise une caractéristique du sujet.						
Indique de qui ou de quoi il est question dans la phrase.						
Commande l'accord du verbe.						

Pour s'entrainer

Indique la fonction grammaticale des groupes nominaux en couleur.

1

- **La lune** tourne autour de la Terre.
- **Sur la lune**, il n'y a pas d'atmosphère.
- « Au clair **de la lune**, mon ami Pierrot… »
- Je m'intéresse **à la lune** depuis toujours.
- Le seul satellite de la Terre est **la lune**.
- J'observe **la lune** aux jumelles.

2

- Quelquefois, je pense **au passé**.
- Mais **le passé** ne peut pas revenir.
- **Dans le passé**, les téléphones portables n'existaient pas.
- J'aime écouter les vieilles chansons **du passé**.
- Bientôt, le présent deviendra **le passé**.
- Mon arrière-grand-père se souvient **de son passé**.

3

- La météo a annoncé **un temps pluvieux** pour le weekend.
- L'imparfait est **un temps du passé**.
- Ne te précipite pas, prends **ton temps** !
- Les basketteuses ont manqué **de temps** pour préparer le match.
- **De mon temps**, les hivers étaient souvent plus froids qu'aujourd'hui.

4

- **Avec patience**, Amandine achève un puzzle de 1 000 pièces.
- **La patience** est une qualité très utile.
- Patrick manque **de patience**, il veut tout, tout de suite !
- Le solitaire est **un jeu de patience**.
- Je suis professeur : mon métier demande **une grande patience**.
- J'admire **ta patience**.

5

- La bêche et le râteau sont **des outils de jardin**.
- J'ai acheté **ces outils de jardin**.
- Je ne trouve plus mon tournevis **parmi tous mes outils**.
- L'ordinateur est devenu **mon outil de travail**.
- **Les outils oubliés dehors** ont rouillé.
- Il a réussi à réparer son vélo **sans aucun outil** !

6

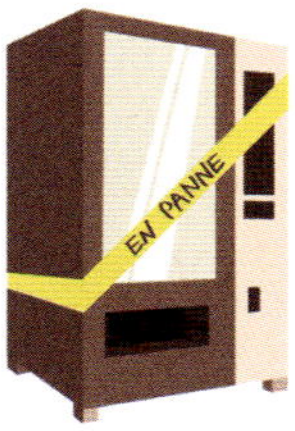

- Si elle passe souvent à la radio, cette chanson deviendra **un énorme succès**.
- J'adore cette chanteuse, j'ai acheté un disque **de ses plus grands succès**.
- Les supporters célèbrent **le succès de leur équipe**.
- Le technicien a essayé de réparer la machine, **sans succès**.
- Cet acteur, encore inconnu, rêve **de succès**.
- **Le succès** arrive parfois sans qu'on l'attende.

Pour aller plus loin

sur ton cahier

p. 131
J'ai mangé un éclair au café. Au café, ...
Cdn CdPh

Dans chaque paragraphe, deux phrases qui n'ont rien à voir se sont « télescopées » : la fin de la première phrase s'est mélangée avec le début de la seconde.
Récris ces phrases en ajoutant la ponctuation manquante, puis indique la fonction grammaticale des groupes qui appartiennent aux deux phrases.

- J'ai mangé un éclair au café, les clients regardent un match de foot.
- Je suis debout sur le dernier barreau de l'échelle, je peux voir le jardin des voisins.
- Le nageur a bu la tasse est posée sur la table basse.
- Linda a prêté son livre à Florence est une ville italienne de toute beauté.

Je révise
toutes les classes grammaticales

Pour commencer

**Dans ces paires de phrases, on a utilisé des mots qui se prononcent de la même façon.
Repère-les, puis indique leur classe grammaticale.**

Tu peux t'aider de la page 159.

C'est trop fort, baisse le son de la télé !
Je n'ai rien compris à son histoire.

Sarah observe un perroquet, puis elle le prend en photo.
Le rock est ma danse préférée.

Jordan s'approche de ses amis, puis il leur dit bonjour.
Valérie et Fabien viendront en train, car leur voiture est en panne.

J'ai fini mon exercice en cinq minutes.
Aller sur la lune ? J'en rêve !

Parle-moi sur un autre ton, s'il te plait !
Ton lacet est défait.

Tu m'avais promis de ranger ta chambre ; or, tu ne l'as pas fait.
L'or est un métal précieux.

Comment reconnais-tu les différentes classes grammaticales ?

Pour s'entrainer

sur ton cahier

p. 132
Fatiha aime beaucoup...
NP V Adv.

Indique précisément la classe grammaticale de tous les mots de ces phrases.

Pour t'aider

V – Vé
Art déf – Art ind –
Dét poss – Dét dém

Adj – NC – NP
Adv – Conj – Prép
Pr

1

- Fatiha aime beaucoup la danse classique, mais elle préfère la danse moderne.
- Dans la forêt profonde, les renards et les blaireaux creusent leurs terriers.
- Lilou joue de la flûte dans un orchestre.

2

- Un incendie impressionnant a détruit la maison en pleine nuit.
- Une petite brise marine rafraichit la côte.
- Regarde ! Là, sur ton sac, une araignée !

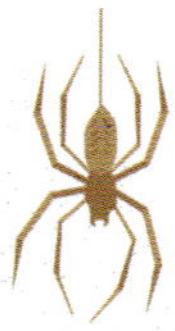

3

- Peux-tu prêter ton crayon à Fabien ? Il a oublié sa trousse.
- Les habitants de ce pays mystérieux parlent une langue inconnue.
- Je vois rarement mes cousins de Bretagne, car ils habitent loin.

4

- Depuis son opération, Gaspard suit un régime sans sel.
- Cette maison semble abandonnée, car ses volets restent toujours fermés.
- Pierrick est malade, il ne viendra donc pas à l'école aujourd'hui.

5

- Mon petit chat Mistigri dort devant la cheminée.
- Hier, j'ai regardé un vieux dessin animé.
- Les premières fleurs apparaissent dans la pelouse, le printemps arrive !

6

- Prends une décision : ou tu viens avec nous, ou tu restes seul à la maison.
- Ce gâteau dégage un parfum délicieux de vanille.
- Nous préférons dormir ici cette nuit, car la neige tombe encore.

7

- Mets la pièce dans la fente, puis fais ton choix.
- La France et l'Italie sont deux pays voisins.
- Ma poupée s'appelle Amanda, elle a les cheveux noirs et frisés.

Pour aller plus loin

Dans les phrases suivantes, des mots (ou des suites de mots) se prononcent de la même façon.
Repère-les, puis indique leur classe grammaticale.

Exemple : Celui qui n'a plus un sou (N) vend (V) souvent (Adv.) ce qui ne lui sert plus.

- C'est un jeu qui se joue avec des dés.
- Je m'intéresse aux tournevis, je m'intéresse aussi aux scies.
- Le motard arrive à Meaux, tard.
- Il écrit « tôt » sur l'écriteau.
- Il jouait d'un instrument à vent, avant.
- As-tu donné de beaux coups ? – Beaucoup !
- Si tu es prêt pour ce parcours, pars, cours !
- Qu'y a-t-il, à côté du cèleri ? C'est le riz !
- Le pitre rit de sa pitrerie.
- Ça te dit, d'aller au cinéma samedi ? – Ça me dit !
- Celui qui annonce des nouvelles qui ne sont pas vraies ment. – Vraiment ?

Je maitrise **les accords dans le groupe nominal**

Pour commencer

- **Lis ces trois petites annonces.**
- **Complète chacune à l'aide d'une des trois listes d'adjectifs proposées.**

Vous voulez organiser des soirées 100 % ……… ? Faites appel à Ludo, un DJ très ………, qui vient avec tout le matériel ………, propose une musique ………, des disques ………, des jeux de lumière ……….

Appelez-moi au 07 07 444 555

Des travaux ……… à réaliser ? Des réparations ……… ? Téléphonez à Jojo le Bricolo au 06 123 456 !
- ……… disponibilité
- Travail ………
- ……… prix
- Délais ………

Etudiant ……… cherche à garder des enfants à Beauvais ou dans les communes ………. J'ai une patience ……… et un ……… sens des responsabilités, qui sont des qualités ……… pour ce genre de travail. Je possède également le brevet de ……… secours. Contact : 06 00 00 00 01.

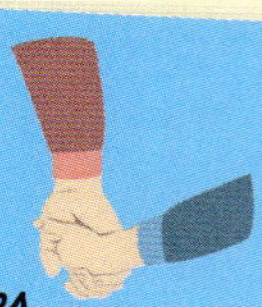

divers	garantis	grand	indispensables	dynamique	endiablée
grande	petits	infinie	premiers	entrainants	nécessaire
soigné	urgentes	sérieux	voisines	réussies	professionnels

- **Relève quatre groupes nominaux composés d'un article, d'un nom et d'un adjectif qualificatif :** au masculin singulier ; au masculin pluriel ; au féminin singulier ; au féminin pluriel.

Demande-toi s'il vaut mieux placer l'adjectif **avant** ou **après** le nom.

Pour s'entrainer

Rétablis le sens de ces phrases en déplaçant les adjectifs (pour t'aider, ils sont en couleur dans les deux premières phrases). **Modifie, si besoin, l'accord entre le nom et l'adjectif.**

sur ton cahier
n°1 p. 134
La maison abandonnée…

1
- La maison **cassée** a plusieurs vitres **abandonnées**.
- Le jardinier coupe quelques roses **neuves** avec son sécateur **parfumé**.
- Peux-tu acheter du shampoing vert et des haricots doux ?
- Le renard effrayé pourchasse une poule rusée.

2

- Les spectateurs **magiques** fixent leurs yeux sur la baguette **incrédule**.
- Le photographe **sauvage** se méfie des animaux **prudents**.
- L'homme verrouillé peut traverser une porte invisible.
- Mélange délicatement le chocolat battu aux blancs d'œufs fondus.

3

- Les enfants **frais** se baignent dans une cascade **ravie**.
- Mon **horrible** cousine a fait des **petits** cauchemars.
- La promeneuse comestible ne cueille que des champignons prudents.
- Nous faisons cuire des vieux marrons dans la cheminée chaude.

4

- L'aigle **domestique** ne fait pas partie des animaux **royaux** !
- Nous souhaitons un **vieil** anniversaire à cette **joyeuse** dame.
- Le jeune panda se nourrit de pousses géantes de bambou.
- Les poissons transparents tournent en rond dans le bocal rouge.

5

- Les lacets **entrouverts**, la chemise **défaite**, il allait gaiement sur le chemin.
- Aïssata a les cheveux **mats** et la peau **bouclée**.
- Les randonneurs provençaux font une halte dans un village épuisé.
- Le prince redoutable se bat contre trois charmants dragons.

Pour aller plus loin

Pour t'aider

bon	frais	lourd
doux	grave	propre
épineux	vif	rare

Tu sais que certains adjectifs peuvent avoir plusieurs sens.

*Exemple : une voiture **noire** - des idées **noires***

de la couleur la plus foncée — *tristes, sombres*

Sur chaque ligne, remplace les mots en couleur par un même adjectif, utilisé dans deux sens différents.

- du pain **juste sorti du four** – une peinture **pas encore sèche**
- une situation **délicate, embarrassante** – un arbuste **couvert d'épines**
- un nom **portant toujours une majuscule** – des mains **qui viennent d'être lavées**
- un élève **qui comprend et qui réagit vite** – des couleurs **éclatantes**
- du beurre **non salé** – une peau **agréable à toucher**
- de **délicieux** gâteaux – la réponse **exacte**
- des bagages **pesants** – une peine **sévère**
- des événements **dramatiques** – une voix basse, **profonde**

Je distingue
des mots qui se ressemblent

Pour commencer

Lis ce texte à haute voix.

Incroyable expérience

1. Prenez un œuf dans le réfrigérateur, tenez-le devant vos yeux entre le pouce et l'index. Que voyez-vous ? Un œuf. Normal, c'est un œuf.

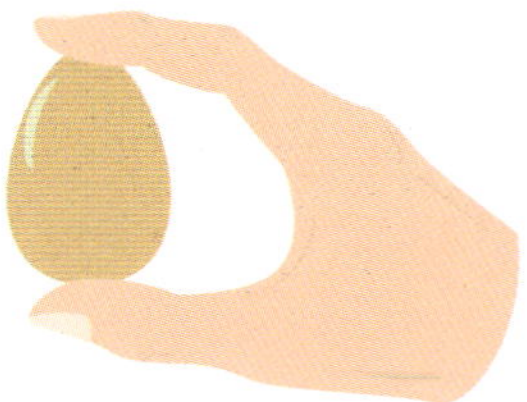

2. Retournez ce même œuf à l'aide de votre main libre. Que voyez-vous maintenant ? Un œuf, me direz-vous. Normal, c'est toujours le même œuf.
3. À présent, reposez l'œuf et prenez un neuf entre le pouce et l'index. Que voyez-vous ? Un neuf. Normal, c'est un neuf.
4. Retournez ce neuf à l'aide de votre main libre. Que voyez-vous maintenant ? Un neuf, me direz-vous. Eh, non ! Vous obtenez un six !

Conclusion de cette expérience scientifique : un œuf n'est pas un neuf. Tout n'est qu'illusion dans ce bas monde. D'ailleurs on ne dit pas qu'un œuf est neuf. On dit qu'il est extrafrais, frais ou carrément pourri. Un œuf n'est jamais neuf. Sinon les poules pondraient des neufs.

Quels sont les trois mots qui se ressemblent beaucoup à l'oral et sont utilisés dans ce texte ?

Pour s'entrainer

Tu trouveras une présentation plus détaillée de ces mots, p. 159 de ce manuel.

- **Dans les phrases suivantes, les mots manquants font partie d'une seule des catégories 1 à 5 de l'encadré p. 137.**
- **Trouve cette catégorie, puis complète les textes.**

1

ⓐ « _____ est passée ma montre ?
Je l'avais posée _____, sur la petite table de la salle _____ manger.
Mais _____, pas moyen de la retrouver ! Et si je l'avais oubliée _____ la piscine ?
Quand je retournerai _____-bas, je demanderai s'ils ne l'ont pas trouvée. »

ⓑ « J'_____ rencontré un type
étrange : il m'_____ serré la main, puis il _____ parti en courant.
— _____-tu certain que tu n'_____ pas rêvé ? »

Pour t'aider

1. **ai - as - a - ont / es - est - sont**
formes conjuguées d'**avoir** et **être**
2. **et - ou - mais**
conjonctions de coordination permettant de relier des mots ou des groupes de mots
3. **où - là - à - voilà**
mots invariables portant tous un accent grave

4. **quel - quelle - quels - quelles**
déterminants interrogatifs ou **exclamatifs** au singulier ou au pluriel, au masculin ou au féminin
5. **leur - leurs**
déterminants possessifs au singulier ou au pluriel

2

ⓐ « J'adore la noisette, ____ malheureusement je ne peux pas en manger.
— Je vais faire un gâteau à la poire ____, si tu préfères, au chocolat.
— J'aime les deux ! S'il te plait, fais-moi un gâteau à la poire ____ au chocolat. »

ⓑ Blottis l'un contre l'autre, mon chat et ma chienne ____ couchés sur mon lit.
Minou n'a pas peur de Mirza, car ils ____ toujours vécu ensemble.

3

ⓐ « ____ vas-tu ?
– Je vais ____ la bibliothèque.
– ____ quelle heure penses-tu être là-bas ?
– ____ dix heures et demie, environ.
– Peux-tu passer ____ la boulangerie et acheter une baguette pour midi ?
____ un euro ! »

ⓑ « Depuis hier, j'____ mal à la gorge.
– Peut-être ____-tu une angine ?
____-tu allée voir le médecin ?
– Non, mais j'____ pris rendez-vous. »

4

ⓐ « Où irons-nous en vacances, en Italie ____ en Grèce ?
— Si nous avons assez de temps, nous irons en Italie ____ en Grèce !
— Moi, je veux bien aller en Italie, ____ pas en Grèce ! »

ⓑ
- Nous avons de la chance pour notre balade, ____ temps magnifique !
- ____ feutres sont les tiens ?
- Vous êtes un excellent pâtissier, ____ tartes splendides !

5

ⓐ
- ____ jour sommes-nous, lundi ou mardi ?
- ____ pluie ! ____ temps de chien ! Je suis complètement trempé !
- Ma montre s'est arrêtée, je ne sais pas ____ heure il est.

ⓑ « Ce plat est excellent, ____ il est difficile à digérer.
– Cet autre plat est léger ____ facile à digérer.
– Et toi, tu préfères les plats légers ____ les plats lourds ? »

Je distingue
des mots qui se ressemblent

- **Dans les phrases suivantes, les mots manquants font partie d'une seule des catégories 1 à 5 de l'encadré p. 137.**
- **Trouve cette catégorie, puis complète les textes.**

Tu trouveras une présentation plus détaillée de ces mots, p. 159 de ce manuel.

6

ⓐ • Les jumelles sont très fières, car ___ chaussures sont toutes neuves.
• Mes cousins sont bien embêtés, ___ ordinateur ne fonctionne plus.
• Les enfants Gruchon sont seuls à la maison ; ___ parents sont partis faire des courses.

ⓑ « Nous passerons par le sentier de droite ___ par celui de gauche ?
— Nous prendrons le sentier de droite à l'aller ___ celui de gauche au retour.
— Zut ! Je voulais prendre le sentier de droite, ___ il est barré par des éboulis. »

7

ⓐ • J'ai une question à te poser : ___ est ton numéro de téléphone ?
• J'ai adoré ton tour de magie. Bravo, ___ talent !
• En ___ année êtes-vous né ? Et en ___ mois ?

ⓑ Cette vieille ferme ___ la montagne, c'est un endroit ___ il fait bon vivre, ___ l'écart de la ville. Ici et ___, des vaches broutent dans les prés. Le seul problème, le ___ : il n'y a pas de route pour arriver ___-bas !

8

ⓐ • ___ dommage que vous ne puissiez pas venir !
• J'ai une devinette pour toi : sais-tu ___ fruits ont un noyau ?
• Dans ___ classe es-tu ? ___ sont tes matières favorites ?

ⓑ « Tu préfères la robe rouge ___ la bleue ?
– J'aime les deux, la rouge ___ la bleue.
– La bleue est magnifique, ___ elle est trop chère ! Je vais acheter la rouge. »

9

ⓐ • Les enfants sont embêtés car ___ ballon a roulé sous la voiture.
• Après la lessive, ils ont rangé ___ vêtements dans l'armoire.
• C'est bizarre, les chiens n'ont pas mangé ___ croquettes.

ⓑ « On a beaucoup de chance : on ira à la piscine ___ au cinéma !
– Hélas non, il faut choisir : on ira à la piscine ___ au cinéma.
– On ira à la piscine, ___ pas au cinéma, car il est fermé. »

Je choisis
le participe passé ou l'infinitif

Pour commencer

- **Remplace dans ta tête les formes verbales incomplètes par celles proposées dans les étiquettes, puis complète leur terminaison.**

Nous allons récolt... des fruits des bois.
Nous avons récolt... des fruits des bois.

cueillir | cueilli

Mon cheval a galop... sur la plage.
Mon cheval aime galop... sur la plage.

courir | couru

Mon oncle a rassembl... toute la famille pour le Nouvel An.
Mon oncle projette de rassembl... toute la famille pour le Nouvel An.

réunir | réuni

– Comment appelle-t-on les formes verbales qui se terminent par **-er, -ir** *?*
– Comment appelle-t-on les formes verbales qui se terminent par **-é, -i, -u** *?*
– Explique pourquoi c'est intéressant de remplacer un verbe en **-er/-é** *par un autre en* **-ir/-i** *ou* **-ir/-u**.

- **Il n'y a pas toujours un verbe synonyme pour t'aider à choisir entre -é ou -er ! Mais tu peux utiliser d'autres verbes, comme mordre/mordu ou dormir/dormi, même si la phrase n'a plus vraiment de sens.**

Dans ta tête, essaie les deux possibilités puis complète les terminaisons des verbes.

Mamie a regard... la télé en fin d'après-midi.
Maman aime regard... la télé en fin d'après-midi.

Qu'est-ce que tu vas prépar... à manger ce soir ?
Qu'est-ce que tu as prépar... à manger ce soir ?

L'incendie a dévast... la forêt.
L'incendie risque de dévast... la forêt.

mordre | mordu
dormir | dormi

Je choisis
le participe passé ou l'infinitif

Pour s'entrainer

Tu peux remplacer dans ta tête le verbe par mordre/mordu ou dormir/dormi.

Complète les terminaisons.

1

- Papa nous laisse grimp…
  dans le grand chêne.
- À force de tir… sur ton lacet,
  il a cass… !
- Le couvercle s'est déviss…, je vais
  le reviss… .
- Le bébé s'amusait à roul…
  sur le tapis, mais il s'est cogn…
  contre la table.
- Je voudrais bien retrouv…
  mon portefeuille, je l'ai égar… !
- Si tu veux apprendre à dessin…,
  je veux bien t'aid… .

2

- Elle m'a montr… le chemin
  pour all… à la poste.
- Inutile de chuchot…, tu peux parl…
  normalement !
- Anouk a cass… sa tirelire
  pour s'achet… un vélo.
- Nina voulait me raccompagn…
  chez moi en voiture, mais j'ai
  refus… pour ne pas la dérang… .
- Il faut te repos… si tu veux gagn…
  ton match demain !
- La princesse a voulu embrass… le
  crapaud… mais celui-ci s'est sauv… !

3

- J'ai commenc… mes devoirs, mais je n'ai pas eu le temps de les termin… .
- La coccinelle passe sa vie à dévor… des pucerons.
- La rosée a mouill… l'herbe, mais le soleil va bientôt la séch… .
- Un colis est arriv… pour toi, je l'ai pos… sur ton lit.
- L'écureuil a amass… des graines pour pass… l'hiver.
- Mélodie a décid… de retapiss… sa chambre.

4

- On n'a pas retrouv… le ballon perdu,
  il faudra en rachet… un.
- Les feux d'artifice vont commenc…,
  venez admir… le spectacle !
- Kenji a enfil… son masque
  de vampire et a cri… : « Je suis
  Dracula ! »
- L'araignée a tiss… sa toile,
  elle attend maintenant
  qu'un insecte se fasse piég… .
- Je n'arrête pas de me gratt…,
  un moustique m'a piqu… !
- Le spectacle est termin…,
  il est temps de rentr… !

5

- Plus que quelques marches
  à grimp… et Jules sera arriv…
  en haut de la tour.
- Il y a encore un peu de vaisselle
  à lav… et du linge à rang… .
- Comme je me suis beaucoup
  entrain…, j'ai énormément
  progress… .
- Dans le bus, il est interdit de fum…
  ou de parl… au chauffeur.
- Dès que la Formule 1 a démarr…,
  son moteur s'est mis à fum… .
- J'ai pens… à ferm… les volets, mais
  j'ai oubli… de verrouill… la porte !

J'accorde **le verbe avec le sujet**

Pour commencer

a

• Complète les terminaisons de ces verbes.

Cette famille de canards se dirig☐ vers la mare.
Les canards de cette famille se dirig☐ vers la mare.

Les doigts agiles du violoniste impressionn☐ le public.
La violoniste aux doigts agiles impressionn☐ le public.

Les supporteurs du club félicit☐ les vainqueurs.
Le club des supporteurs félicit☐ les vainqueurs.

• Souligne les groupes sujets, encadre les noms « chefs de groupe », puis trace les chaines d'accords à l'aide d'une flèche.

b

• Complète ces phrases en choisissant les verbes qui conviennent parmi les étiquettes proposées.

La joie que ☐ les enfants ☐ sur leur visage.

ressentais | ressentait | ressentaient | se lisais | se lisait | se lisaient

Les sculptures que ☐ cette jeune artiste ☐ l'attention des visiteurs.

présentes | présente | présentent | attires | attire | attirent

Les pucerons que ☐ la coccinelle ☐ la croissance des rosiers.

dévore | dévorent | dévores | retardes | retardent | retarde

• À l'aide d'une flèche, trace les chaines d'accords entre les sujets et les verbes, comme dans cet exemple.

Les gaufres délicieuses que prépare papi sentent bon !
(S — V ← S — V)

J'accorde **le verbe avec le sujet**

sur ton cahier
n°1 p. 142
Ce recueil de poèmes me plait beaucoup.
Les poèmes de ce recueil…

Pour s'entrainer

- **Complète la terminaison manquante.**
- **Ensuite, modifie l'ordre des éléments qui composent le groupe sujet et récris la phrase en faisant attention à l'accord du verbe.**

1

Ce recueil de poèmes me plai_ beaucoup.
→ Les poèmes de …
Ce groupe d'experts cherch_ une solution au réchauffement de la planète.
→ Les experts …

2

L'équipe des basketteuses fêt_ la victoire.
→ Les basketteuses …
Les rues animées de cette ville attir_ les vacanciers.
→ Cette ville aux …

3

Ces plantes au feuillage épais donn_ de l'ombre.
→ Le feuillage épais de …
Les touristes de ce groupe se rassembl_ devant le musée du Louvre.
→ Ce groupe de …

4

Ce troupeau de vaches bloqu_ le chemin de la ferme.
→ Les vaches …
Ce champ de betteraves ser_ bientôt récolté.
→ Les betteraves …

5

Les raisins de cette grappe sembl_ bien murs.
→ Cette grappe …
Les élèves de ce groupe présent_ un exposé.
→ Ce groupe …

6

Les pommes de ce sachet pès_ deux kilos.
→ Ce sachet …
Cette voiture aux pneus usés dérap_ sur la chaussée mouillée.
→ Les pneus usés …

7

Ce bouquet de fleurs égai_ la salle à manger.
→ Les fleurs …
Le vampire aux canines pointues impressionn_ les spectateurs.
→ Les canines pointues …

- **Souligne le ou les groupes sujets et trace une flèche vers le verbe.**
- **Complète ensuite les terminaisons manquantes.**

sur ton cahier
n°1 p. 143
Les deux enfants dont parlait Kélian…

1

- Les deux enfants dont parl___ Kélian l'autre jour habit___ ici.
- Les voisins de Déborah écout___ de la musique et l'empêch___ de dormir.
- Les souvenirs que racont___ ma grand-mère étai___ toujours passionnants.

2

- Le spectacle que répèt___ les CM2 commenc___ à être au point.
- L'expédition que prépar___ les scientifiques les emmèn___ dans la forêt amazonienne.
- Une bonne soupe et un pot-au-feu mijot___ sur la cuisinière.

3

- Les chamois que regard___ les promeneurs fascinés saut___ très haut.
- La buse et le faucon chass___ les petits rongeurs.
- L'armée de terre et la marine défil___ pour le 14 juillet.

4

- Kaya et Ondina sav___ construire l'iglou traditionnel où vivai___ les Inuits.
- Au-delà de l'horizon s'étend___ des contrées inconnues.
- Sous ces rochers se dissimul___ un petit crabe.

5

- Camille et son petit frère rang___ leurs jouets, puis regard___ un dessin animé.
- Dans le ciel nocturne résonn___ les douze coups de minuit.
- Céline et Gaétan cour___ dans le pré où fleuriss___ les jonquilles.

6

- Les valises que recherch___ Fanny pour son voyage se trouv___ au grenier.
- Mia et Églantine admir___ les photos des pays que visit___ François.
- La vieille voiture que répar___ Marina et Chloé tomb___ souvent en panne.

7

- La Terre et Mars, comme Vénus ou Jupiter, tourn___ autour du Soleil.
- Le nid que bâtiss___ ces deux rossignols sembl___ presque achevé.
- Dans les fentes du mur se cach___ un petit lézard vert.

Je comprends la présence d'un -e muet à la fin de certains mots

Pour commencer

• **Complète les phrases avec les mots proposés dans l'encadré.**

allé / allée
cri / crie
cru / crue
lieu / lieue
sorti / sortie

a. Un petit signal vert indique la ______ de secours.
Lilian est ______ du bureau pour prendre l'air.

b. La ______ de la rivière a inondé les rues les plus basses de la ville.
Je leur ai raconté mon histoire, mais ils ne m'ont pas ______.

c. Quand Zoé vit son papa arriver, elle poussa un ______ de joie.
On ne ______ pas dans les couloirs, car ça gênerait les autres classes.

d. L'______ du château est bordée d'arbres magnifiques.
Léo est ______ au Mexique.

e. La ______ est une ancienne mesure de distance qui valait environ 4,5 km.
La place du village est le ______ de rencontre préféré de tous les habitants.

• **Justifie la terminaison de chaque mot en t'aidant de cet exemple :**

la sortie : nom féminin, se termine par -e.

Pour s'entraîner

Complète les mots en indiquant s'il s'agit :
– d'un nom masculin ou féminin ;
– d'un verbe en -er ou d'un verbe en -ir, -re, -oir au présent ;
– d'un participe passé.

1

• Mamie fait de la gel… de groseille absolument délicieuse.
• Le facteur tr… le courrier avant de le distribuer.
• Pour assembler ces deux planches, tape sur le cl… avec le marteau.
• Chaque printemps, je fais un tr… dans les vêtements de mon armoire.
• Depuis deux jours, la neige cl… au sol tous les avions dans les aéroports.
• Il a gel… fort la nuit dernière, les arbres sont couverts de givre.

2

• La sorcière enfourcha son bal… et disparut dans le ciel.
• Quentin est part… sans nous dire au revoir.
• Ce soir, nous allons manger une fond… savoyarde.
• Qui veut faire une part… d'échecs avec moi ?
• Le glaçon a fond… dans mon verre de jus d'orange.
• Simon bal… les marches de l'escalier.

3

- Le père de Joachim est pilote dans l'arm… de l'air.
- Le mar… de Véronique travaille dans cette usine.
- La jet… protège le port des tempêtes.
- Mon oncle Barnabé se mar… samedi prochain.
- Le chevalier avança vers son adversaire, arm… de sa longue épée.
- J'ai jet… mon chewing-gum à la poubelle.

4

- Je vois mal au tableau, il faut que j'aille faire vérifier ma v… .
- Après six mois de chômage, Jérémy a retrouvé un empl… .
- Aujourd'hui, sur les Champs-Élysées, c'est l'arriv… du Tour de France.
- La ciboulette est une herbe qu'on empl… dans les salades, par exemple.
- On n'a jamais v… un cochon voler !
- Il est arriv… une étrange aventure à Bénédicte.

5

- J'ai tellement cri… pour encourager mon équipe que je n'ai plus de voix.
- En repassant mon pantalon, j'ai fait un faux pl… .
- Je feuillète une rev… dans la salle d'attente.
- Depuis que mon copain Manuel a déménagé, je ne l'ai pas rev… .
- Sur le port de pêche, la cri… est l'endroit où l'on vend le poisson frais.
- Jade pl… soigneusement sa lettre puis la glisse dans l'enveloppe.

6

- La plong… sous-marine demande un équipement particulier.
- Quand on plie le bras, le biceps gonfle et se raccourc… .
- À la fin de l'orage, un timide rayon de soleil tr… les nuages.
- Pour rentrer chez moi, je vais prendre un raccourc… en passant par la forêt.
- En tombant tout à l'heure, j'ai fait un tr… à mon pantalon.
- Sans hésiter, Damien a plong… du haut de ce rocher.

Pour aller plus loin

Recherche les mots exprimant un contenu. Aide-toi de ton dictionnaire si nécessaire.

pelle → une ... de terre
gorge → une ... d'eau
bouche → une ... de pain
bras → une ... de fleurs
poing → une ... de cerises

bol → une ... de cidre
table → une ... d'amis
nid → une ... d'oisillons
four → une ... de pain frais

Le savais-tu ?

Le suffixe -ée peut avoir le sens de quantité contenue dans…
Exemple : une cuillerée
→ quantité contenue dans une cuillère.

J'écris
les mots en -ail, -eil, -euil…

Pour commencer

• Observe les mots suivants.

un vitrail	des feuilles	la rouille	une oreille	elle brille
des murailles	des chevreuils	ils se mouillent	des orteils	une anguille
une paille	une feuille	tu t'agenouilles	des merveilles	des filles
tu travailles	un écureuil	le fenouil	tu te réveilles	tu t'habilles
il braille		des grenouilles	elle s'éveille	tu sautilles
elles bâillent		il me chatouille	ils sommeillent	une aiguille

• Des élèves ont commencé à classer tous ces mots par catégorie. Continue leur travail.

Nom masculin singulier	…	…	…	…	Verbe conjugué avec « tu »	…
un vitrail	une paille	…	…	…	…	…

Explique la terminaison de chaque catégorie.

Pour s'entrainer

Complète les mots en partie effacés du texte.

1

Mon papa adore manger de l'ai .
Il en ajoute dans sa ratatoui , dans
ses noui , dans sa soupe à l'osei .
« C'est très bon pour le sommei ! »
dit-il en croquant ses gousses
à pleines dents.
Dès le réveil , il en mâchoui ,
comme si c'était du chewing-gum !
Maman n'aime pas son haleine
quand il a mangé de l'ai . Entre eux,
c'est une batai permanente.
Elle le survei , si elle le surprend
et qu'il mordi une gousse,
elle le fusil du regard !

2

Toi, cesse de faire l'andoui ,
toi, mange ton fenoui ,
et toi, finis tes noui !
Comment ?
Il faudrait que je vei
à vous donner à chacun parei ?
Vraiment, vous me cassez les orei !
Allez, un effort,
sinon Tante Cami
malgré son cœur d'or
renverra au bercai
ces petites canai
qui toujours piai !

3

À l'automne, quand la pluie
ne moui   pas trop, papi va
aux champignons. Il se révei   tôt,
passe un chandai , et hop ! il part
en direction de la forêt.
Quand il trouve des cèpes ou des
girolles, son regard s'émervei ,
il s'agenoui , malgré ses genoux
un peu roui   , comme s'il s'agissait
d'un trésor ! Au retour,
il nous raconte des histoires rigolotes,
ou bien il imite le cri de la grenoui
pendant que mamie cuisine
de délicieuses omelettes. Quand il
revient bredoui , mamie fait de la
ratatoui   et papi râle en moulinant
des bras comme un épouvantai
parce qu'il déteste ça... R.F.

4

Dans la famille L'Embroui   ,
il y a six enfants merveilleux.
Mais quelle pagai
dans leur pavillon de banlieue !
Les deux grandes fi   se chamai
et se tirent les orei   .
Le bébé brai   et se torti
en se gratouillant les ortei .
Au lieu de faire son travai ,
l'ainé gribou   sur la feui
de son cahier de broui
en chantant la Marseillaise.
Cami   et Guillaume font
les andoui
et se barbou
le visage de roui   ...
Cornebidoui   !
Qui va calmer cette marmai   ?

5

Des cornei   piai   , sinistres,
au-dessus du champ de batai .
Partout résonne la mitrai .
Les ennemis groui   .
Les soldats du troisième Bataillon
ferrai   , vai   que vai .
Ils ne font pas de détai
Pourtant la peur tenai
leurs entrai   .
Un fantassin vaci ,
touché en plein poitrai .
Ses camarades
l'abritent derrière
une murai ,
lui font un lit
de feui   . F.J.

Pour aller plus loin

Retrouve ces noms à partir de leur définition et de leur illustration.

a. Gâteau fait de trois couches de pâte feuilletée et de deux couches de crème pâtissière :
→ un m...

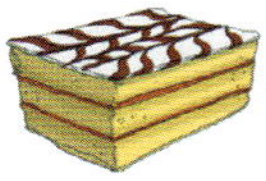

b. Plante grimpante qui porte des fleurs très parfumées. Elle doit son nom au fait que les chèvres, selon la légende, mangeaient ses feuilles :
→ le ch...

c. Pochette de cuir servant à ranger ses papiers et son argent :
→ un p...

Le savais-tu ?
Il existe trois noms masculins qui se terminent par la finale -euille !

Je maitrise **les finales verbales : problèmes d'accents**

Pour commencer

Trie ces formes verbales dans le tableau ci-dessous.

J'achète une glace. Nous achetons du pain.
Nous préférons le bleu au noir. Je préfère rester chez moi.
Je renouvèle mes excuses. Nous renouvelons notre demande.
J'aère ma chambre. Nous aérons notre chambre.
Cette couverture te protègera. Vous protégez vos affaires.
Vous digérez votre copieux repas. Le lion digère à l'ombre d'un arbre.
La maitresse me demande d'épeler ce mot. J'épèle mon nom.

verbe à l'infinitif	**e** dans le radical	**é** dans le radical	**è** dans le radical
acheter	nous achetons		
		nous préférons	

Explique la présence de ***e, é*** *ou* ***è*** *dans le radical de ces formes verbales.*

Pour s'entrainer

Complète les formes verbales avec e, é ou è.

1

ⓐ • J'ai ach__té une console de jeu.
• Je vais ach__ter un appartement.
• Il ach__te un sandwich.

ⓑ • La lionne prot__ge ses petits.
• Cette grange va nous prot__ger de la pluie.
• Une écharpe te prot__gera du froid.

2

ⓐ • Papa s'est inqui__té de mon retard.
• Ne t'inqui__te pas, tout ira bien !
• Bientôt, vous ne vous inqui__terez plus.

ⓑ • J'esp__re qu'il viendra !
• Nous esp__rons tous que tu réussiras !
• Elle esp__rait une lettre de son ami.

3

ⓐ • Les poules n'arrêtent pas de caqu__ter.
• Elles ont caqu__té toute la nuit.
• Les poussins caqu__tent dans la cour.

ⓑ • Le cocher va att__ler les chevaux au carrosse.
• Nous att__lerons les chevaux à la charrette.
• Léa a att__lé son poney au charriot.

4

ⓐ • Le perroquet rép…te toujours la même chose.
• Nous allons rép…ter notre pièce de théâtre.
• Je ne rép…terai pas ce que tu m'as dit.

ⓑ • L'eau g…le à zéro degré.
• La nuit dernière, l'étang a g…lé.
• Demain, il g…lera encore très fort.

5

ⓐ • Cette musique m'ensorc…le.
• Cette danse l'a ensorc…lé.
• Ce film vous ensorc…lera.

ⓑ • J'écoute l'eau de pluie ruiss…ler sur le toit.
• Des larmes ruiss…lent sur ses joues.
• La source asséchée ruiss…lera à nouveau à l'automne.

6

ⓐ • Les papillons vol…tent devant mes yeux.
• Les oiseaux ont vol…té au-dessus de leur nid.
• Un vent léger fait vol…ter les rideaux de ma chambre.

ⓑ • Je préf…re ne pas en parler.
• Je ne sais pas ce qu'elles préf…reront.
• Ils préf…raient l'été à l'hiver.

7

ⓐ • Arrête de rousp…ter !
• Tu rousp…tes sans arrêt.
• J'espère que tu ne rousp…teras plus.

ⓑ • Il faut accél…rer pour doubler une autre voiture.
• Accél…rons notre marche si nous voulons rentrer avant la nuit !
• La Formule 1 accél…re dans la ligne droite.

8

ⓐ • Une bague de diamant étinc…le aux doigts de la princesse.
• Les décorations de Noël ont étinc…lé pendant tout le mois de décembre.
• Le soleil fait étinc…ler les arbres couverts de givre.

ⓑ • Les clients du coiffeur feuill…tent des magazines en attendant leur tour.
• Tu peux feuill…ter ce magazine.
• Il feuill…tait le dictionnaire, à la recherche d'un mot inconnu.

9

ⓐ • La lune se refl…te dans l'étang.
• Les phares se refl…taient dans les flaques d'eau.
• Les miroirs peuvent refl…ter la lumière.

ⓑ • Max exag…re toujours quand il raconte une histoire.
• Jouer du tambour à minuit ? Cher voisin, vous exag…rez !
• Sans exag…rer, vous êtes un véritable génie !

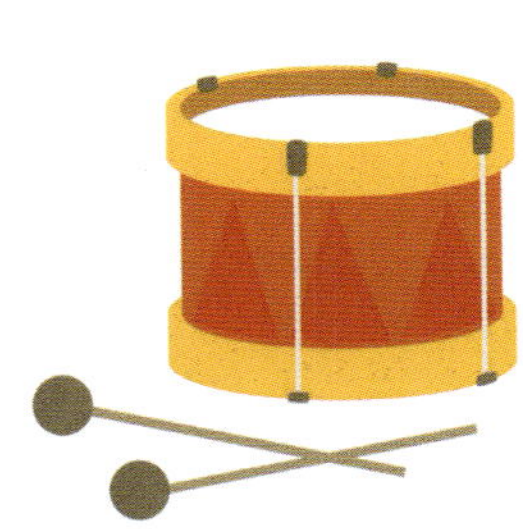

Je choisis **l'infinitif en -er, le participe en -é ou l'imparfait en -ais, -ait, -aient**

Pour commencer

En utilisant les formes verbales proposées, complète ces phrases de deux façons différentes.

a. Nous avons [franch... / travers...] la rivière.

Demain, il faudra [franch... / travers...] ce pont.

Avant l'avion, seuls les bateaux [franch... / travers...] l'océan.

traverser	franchir
traversais	franchissais
traversait	franchissait
traversaient	franchissaient
traversé	franchi

b. L'homme de Néandertal [habit... / v...] dans des cavernes.

Je n'ai jamais [habit... / v...] en ville.

L'an prochain, nous partons [habit... / v...] à Paris.

habiter	vivre
habitais	vivais
habitait	vivait
habitaient	vivaient
habité	vécu

– Quels verbes sont à l'infinitif, au participe passé, à l'imparfait ?

– Explique par quel moyen on peut choisir entre les terminaisons **-er / -é / -ais, -ait, -aient.**

Pour s'entrainer

sur ton cahier

n°1 p. 150

je croquais = je mordais

Dans ces phrases, remplace les verbes en couleur par leurs synonymes, puis complète leurs terminaisons.

1

ⓐ • Pour le gouter, autrefois, je **croqu**... toujours un fruit.
• Cette pomme bien rouge donne envie de **croqu**... dedans.
• Le jour de la galette des rois, Mattéo a **croqu**... dans la fève.

mordre | mordais | mordait | mordaient | mordu

ⓑ • Dans le manège, les enfants les plus habiles **attrap**... toujours le pompon.
• Babette a **attrap**... la balle au bond.
• L'alpiniste n'arrive pas à **attrap**... la corde qu'on lui lance.

saisir | saisissais | saisissait | saisissaient | saisi

Tu sais déjà qu'il n'y a pas toujours un verbe synonyme pour t'aider à choisir la terminaison correcte (relis le « Pour commencer » p. 140, si tu en as besoin).
Dans ta tête, essaie les différentes possibilités, puis complète les terminaisons des verbes.

sur ton cahier
n°5 p. 151
Cécile a oublié = Cécile a mordu

2

- Cécile a oubli… sa brosse à dents chez nous, elle viendra la récupér… demain.
- Fanny ne sav… plus quoi penser : est-ce que les enfants dis… la vérité ? Est-ce qu'ils ment… ?
- J'essaie de répar… la machine à lav…. Peux-tu m'aid… ?
- Le soleil n'était pas encore lev…, pourtant, Éva ne dorm… plus depuis longtemps.
- Pendant une balade en forêt, Chloé m'a montr… un picvert qui frappait le bois de son bec.

3

- Devenir mousquetaire et protég… le roi, c'est ce que d'Artagnan désir… le plus au monde.
- L'an dernier, ma petite sœur n'arriv… pas à nou… ses lacets.
- Les malfaiteurs ont essay… d'entr… dans l'appartement
- Comme j'oubli… souvent mes clés, j'entr… chez moi par le balcon.
- N'oublie pas de redonn… son livre à Johan.

4

- Chaque fois que j'ét… malheureux, ses paroles me redonn… du courage.
- Depuis des mois, ils espér… la victoire de leur équipe.
- Ils continuaient à espér… cette victoire.
- Le boa a aval… un ocelot qui dorm… dans la jungle.
- Comme Tom n'arriv… pas à s'endormir, j'ai laiss… sa porte entrouverte.

Pour aller plus loin

Lis ces phrases et complète les verbes qui sont à l'infinitif ou au participe passé.

a. J'ai vu le technicien install… le matériel sur scène.
J'ai vu que le technicien install… les micros.
Ensuite, j'ai vu le même technicien install… dans un confortable fauteuil.

b. J'ai vu mon petit frère cach… sous son lit.
J'ai vu mon petit frère cach… quelque chose sous son lit.
C'est alors que j'ai compris qu'il me cach… quelque chose !

c. J'ai vu la petite fille enfil… son manteau.
J'ai vu qu'elle enfil… son manteau à l'envers.
J'ai vu le manteau enfil… à l'envers.

Je maitrise **les finales verbales : cas particuliers**

Pour commencer

• **Complète ce tableau.**

Infinitif	Présent			Imparfait		
	avec je	avec nous	avec vous	avec je	avec nous	avec vous
avancer	j'avance					
foncer			vous foncez			
nager						vous nagiez
manger					nous mangions	
crier	je crie					
oublier		nous oublions				
balayer	je balaie			je balayais		
essuyer			vous essuyez			

• **Explique les particularités orthographiques :**
- **des verbes en -cer ;**
- **des verbes en -ger ;**
- **des verbes en -ier ;**
- **des verbes en -yer.**

Attention, les formes de l'imparfait sont **toujours** différentes de celles du présent !

Pour s'entrainer

Complète les phrases, à l'imparfait, au présent ou au futur, puis indique entre parenthèses le temps du verbe conjugué.

1

Quand nous faisons de l'escalade, nous nous méfions des roches branlantes.
→ Quand nous faisions de l'escalade, ...

Comme il commence à faire sombre, je rentre chez moi.
→ Comme il ..., je suis rentré chez moi.

Quand nous déménagerons, le mois prochain, nous rangerons toutes nos affaires.
→ Comme nous ... aujourd'hui, nous ...

Quand nous avons une punition, nous copions le règlement de la classe.
→ Quand vous aviez une punition, autrefois, vous ... cent fois la même phrase.

2

Depuis 2001, nous payons nos achats en euros.
→ Avant 2001, nous ... nos achats en francs.

Mon petit frère va chez l'orthophoniste, car il ne prononce pas bien le son « ch ».
→ Mon petit frère allait chez ...

Aujourd'hui, mon père s'allonge pour une courte sieste après le déjeuner.
→ Autrefois, mon grand-père ...

Quand nous préparons une expédition, nous nous soucions de notre sécurité et nous vérifions soigneusement le matériel.
→ Quand nous préparions ...

3

L'incendie est presque maitrisé, mais les flammes menacent encore une ferme isolée.
→ L'incendie était presque maitrisé, mais ...

Quand vous voulez me donner un coup de main, vous balayez la cuisine.
→ Quand vous vouliez ...

Demain soir, pendant le gala, nous encouragerons les patineurs qui voltigeront sur la glace.
→ Hier soir, ...

Aujourd'hui, quand il neige, beaucoup de gens ne nettoient plus leur trottoir.
→ Autrefois, dès qu'il ..., les gens ... leur trottoir.

4

Quand on touche à ses bibelots ou qu'on déplace ses affaires, Gaston fronce les sourcils.
→ Quand on touchait ...

Comme tu habites en Afrique, nous t'envoyons de nombreuses lettres.
→ Quand tu habitais ...

Quand nous irons à l'étang, nous nous aspergerons, puis nous plongerons dans l'eau fraiche.
→ Quand nous allons ...

Nous utilisons souvent une calculette quand nous multiplions des grands nombres.
→ Autrefois, nous n'utilisions pas de calculette quand nous ...

5

Aujourd'hui, au lycée, vous étudiez l'informatique et la technologie.
→ Quand nous étions au lycée, nous ... le grec et le latin.

En été, je dors mal car la chaleur me dérange et les piqures de moustiques me démangent.
→ L'été dernier, je dormais mal car ...

Quand vous courez sur le trottoir, vous effrayez les pigeons.
→ Quand vous couriez ...

Je serai vraiment content quand tu rinceras le lavabo après ta toilette !
→ Je serais vraiment content si tu ...

Je maitrise **les déterminants et les pronoms qui commencent par s ou c**

Pour commencer

- **Lis ces phrases.**

Elle cherche **son** sac et **ses** lunettes.
Ce vélo est hors de prix. **Celui-là** est moins cher.
J'aime bien **cette** bague, mais je préfère **celle-ci**.
Elles sont superbes, **ces** robes !
Le singe **se** gratte la tête.
Le chaton **s'**est endormi.
Mmm, du couscous ! **Ça** a l'air bon !
Sa barbe a poussé.
Ils **se** brossent les dents.

- **Observe les mots en orange et range-les dans le tableau ci-dessous.**

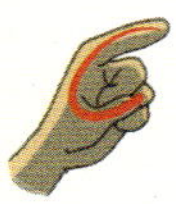

ce que quelqu'un possède, ce qui est à soi, ce qu'on fait à soi-même **s**	ce qu'on montre, ce qu'on désigne **c**
Déterminants commençant par s	**Déterminants commençant par c**
son sac	ce vélo
Pronoms commençant par s	**Pronoms commençant par c (ou ç)**
	celui-là

– Comment reconnais-tu les déterminants ? les pronoms ?
– Lis chaque phrase à haute voix en l'accompagnant du geste qui convient.

- **Complète les mots avec s, c ou ç et classe-les dans le tableau ci-dessus.**

Regarde, là-bas, □e drôle de truc… □a bouge !
En jouant avec □es ciseaux, Il □'est coupé au pouce.
□ette maison, □'était la mienne autrefois.
Il a emprunté mon téléphone, car le □ien n'avait plus de batterie.
Elle rangea □es affaires et □e dirigea vers la sortie.

Pour s'entrainer

Complète les phrases avec s, c ou ç.

1

- J'ai retrouvé □e vieux journal qui date de 1998 : □ette année-là, la France a gagné la Coupe du monde de football. Mes parents □e rappellent très bien □ette victoire.
- Marion n'a pas vu □es amies depuis très longtemps. Elle □e réjouit de les revoir □e soir.
- Chaque soir, le grand-père raconte une histoire à □es petits-enfants avant d'aller □e coucher.

2

- …e train s'est arrêté en pleine campagne : …es passagers …e demandent pourquoi.
- Anna est très imaginative : …es idées sont souvent surprenantes.
- …e vent froid qui vient du nord, …'est la bise.
- Quentin …e pose une question : qui l'aidera à faire …es devoirs …e soir ?
- …es vacanciers …e protègent du soleil en cherchant un peu d'ombre sous …e palmier.

3

- J'aime beaucoup …e film, mais je préfère …elui qu'on a vu l'autre jour.
- Comme Victor ne donne pas beaucoup de …es nouvelles, …es parents …e demandent souvent comment il va.
- …a te dirait d'aller à la piscine avec moi …et après-midi ?
- Félix …'est installé dans un fauteuil et lit …on journal.
- Le jardinier a perdu …a cisaille. Comment va-t-il tailler …ette haie ?

4

- Paul cherche …a clé. Il …e demande s'il va la retrouver, car elle est tombée dans …e tas de feuilles mortes.
- Thérèse …'est enrhumée en faisant du ski. Elle …e soigne avec des tisanes et du repos. …e traitement a l'air de lui réussir.
- Regarde …e nuage dans le ciel ! On dirait un oiseau qui étend …es ailes.
- …e matin, Léa …e promène en ville avec …es copines.
- …'est mamie qui m'a offert …es boucles d'oreilles et …e bracelet.

Pour aller plus loin

Complète les phrases ci-dessous avec deux des mots proposés.
Indique ensuite la catégorie grammaticale de ces mots : D + N ou Pr + V.

- Philippe … … à cinq heures du matin.
- Grâce à … …, il gagne bien sa vie.
- Ce papier … … facilement.
- Quand une chaussette … …, c'est qu'elle est usée !
- … … dans la route est dangereux.
- Samedi prochain, Nathalie … … avec Djamel.
- … … est très attentionné pour son épouse.
- La pâte à sel … … comme de la pâte à modeler.
- … … n'est pas à l'heure.
- Ce n'est pas très élégant, … … sur ton pantalon.
- Barbara … … soigneusement tous les soirs.

ce | se
peigne | marie
travail | troue
réveille | réveil
plie | mari | pli
travaille | trou

Je maitrise **l'accord du participe passé**

Pour commencer

a. Complète les phrases avec les étiquettes proposées.

Bozo a acheté [ ].
[ ] qu'il a achetés sont trop grands pour lui !
Bozo a acheté [ ].
[ ] qu'il a acheté est très pointu.
Bozo a acheté [ ].
[ ] qu'il a achetées sont très élastiques.
Bozo a acheté [ ].
[ ] qu'il a achetée est rouge à pois verts.

- la/une cravate
- les/des souliers
- les/des bretelles
- un/le chapeau

- **Demande-toi, pour chaque phrase, ce qui a été acheté, puis relie-le au participe passé en orange, comme dans cet exemple.**
  Bozo a acheté un chapeau. *Que remarques-tu ?*

b. Trie ces formes verbales dans le tableau ci-dessous.

Elles sont sorties prendre l'air.
Elles ont sorti les chiens.
Les chiens, elles les ont déjà sortis.

Ils ont dévoré des livres.
Ils sont dévorés par les moustiques.
Voici les BD qu'ils ont dévorées.

être + participe passé accordé	avoir + participe passé non accordé	avoir + participe passé accordé
elles sont sorties		

Explique dans quels cas le participe passé s'accorde, et dans quels cas il ne s'accorde pas.

Pour s'entrainer

- **Trace une flèche vers la droite ou la gauche à partir des participes passés.**
- **Puis complète leur terminaison.**

sur ton cahier
n°1 p. 156
Le maitre a posé une question.

1

- Le maitre a pos[ ] une question aux élèves.
- La question qu'il a pos[ ] n'est pas facile.
- J'ai pos[ ] une carafe d'eau sur la table.
- La carafe que j'ai pos[ ] sur la table est en cristal.
- Ces affiches ont été pos[ ] à l'envers.
- Pourrais-tu m'aider à résoudre la multiplication que j'ai pos[ ] ?
- Les ouvriers ont pos[ ] du carrelage dans la salle de bains.
- Les livres que j'ai pos[ ] sur ton bureau viennent de la médiathèque.

Demande-toi, au moment d'écrire le participe passé : « Qu'est-ce qui a été **posé** ? Est-ce que j'ai déjà écrit ce qui a été **posé** ? »

Sommaire

Lexique

Étude de la langue

Orthographe

FSC www.fsc.org MIXTE Papier issu de sources responsables FSC® C022030

Direction éditoriale : Céline Lorcher
Édition : Charlotte Aussedat, Joëlle Gardette, Marine Estève
Création maquette : Jean-François Saada
Réalisation : Isabelle Vacher
Mascottes : Nikao
Illustrations : © Istockphoto.com, Olivier Huette (leçon 21)
Corrections : Florence Richard

ISBN : 978-2-7256-3820-1

N° de projet : 10277550
Dépôt légal : janvier 2019
Imprimé en août 2021
par la Tipografica Varese Srl

Cet ouvrage suit l'orthographe recommandée par les programmes de 1990 et les programmes scolaires. Voir le site http://www.orthographerecommandee.info et son miniguide d'information.

Cet ouvrage est conforme à la nouvelle orthographe
www.orthographe-recommandee.info

1 Le **dictionnaire**

Dans le dictionnaire, les mots sont rangés dans l'ordre alphabétique.

A B C D **E** F G H
au début du dictionnaire
On regarde d'abord leur initiale (c'est-à-dire la première lettre) :

ABEILLE
BOURDON
CHAT
FOURMI
GIRAFE

I J K L M N **O** P Q R
au milieu du dictionnaire
Si les mots commencent par la même initiale, il faut regarder ensuite la deuxième lettre :

CADEAU
CERISE
CHAT
CITRON
COULEUR

S T **U** V W X **Y** Z
à la fin du dictionnaire
Puis la troisième ou la quatrième lettre :

COMPAS
COPIE
COQ

CORBEILLE
CORDE
CORNEILLE

Dans le dictionnaire, tu peux aussi trouver des sigles : il s'agit de l'abréviation d'un groupe de mots, formée par la première lettre de chaque mot :

une **BD** → une **B**ande **D**essinée
une **HLM** → une **H**abitation à **L**oyer **M**odéré
la **SNCF** → la **S**ociété **N**ationale des **C**hemins de **F**er

Dans les articles du dictionnaire, il y a des abréviations qui te donnent des informations sur :

- **les classes grammaticales**

n. → nom commun	bateau **n.m.**
adj. → adjectif	beau, belle **adj.**
v. → verbe	chanter **v.**
pron. → pronom	nous **pron.**

- **le genre et le nombre**
  - **m.** → masculin
  - **f.** → féminin
  - **pl.** → pluriel
  - **inv.** → ce mot est invariable *(Il ne peut être ni au pluriel, ni au féminin.)*

- **d'autres éléments importants**
  - **fig.** → sens figuré (Exemple : *nager dans ses vêtements, quand des vêtements sont trop grands.*)
  - **fam.** → ce mot est familier (Exemple : *baffe* est un mot familier.)
  - **syn.** → synonyme (Exemple : *navire* est un synonyme de *bateau*.)
  - **contr. (ou ant.)** → contraire (ou antonyme) (Exemple : *échouer* est un contraire de *réussir*.)

à la maison

Pour s'assurer que l'enfant a bien compris sa leçon, et pour l'aider à l'apprendre, vous pouvez lui poser ces questions et/ou lui proposer ces activités :

- Quelle lettre vient juste après ? *l* Juste avant *v* ? Etc.
- Où se trouve le mot *demain* dans le dictionnaire ? (Vers le début.) Et *victoire* ? *manucure* ? Etc.
- Est-ce que, dans l'ordre alphabétique, *bébé* est avant ou après *bétail* ? Etc. (Au besoin, pour les questions de ce type, faire écrire les mots proposés pour faciliter la réflexion.)
- Proposer quelques mots à ranger dans l'ordre alphabétique : mots avec initiales différentes, puis mots où il faut prendre en compte la deuxième, la troisième ou la quatrième lettre.
- Que signifie l'abréviation *adj.* ? *v.* ? *fig.* ? Etc.
- Quelle est l'abréviation pour : *nom féminin* ? *sens figuré* ? Etc.
- Ces mots sont-ils : invariables, familiers, au sens figuré ? *rigoler* / *longtemps* / *couper la parole* / *aujourd'hui* / etc.

2 Le **radical**, les **familles de mots**

Dans une famille de mots, le radical est l'élément commun à tous les mots.

compter	conter
comptable	conteuse
compteur	conte
comptant	raconter
décompte	inracontable
recompter	racontar

Tu peux distinguer ces deux familles de mots : l'une a pour radical -compt- et l'autre -cont-.

Les mots de la même famille ont le même radical.

terre

- atterrir, atterrissage
- déterrer
- terrier
- terrestre, extraterrestre
- territoire
- souterrain, terrain
- terrien
- terreux
- enterrer, enterrement

Parfois, dans une même famille de mots, le radical peut avoir plusieurs formes légèrement différentes.

radical

-seul-	**-sol-**
seul	solitaire
esseulé	solitude
seulement	isolement

à la maison

Pour s'assurer que l'enfant a bien compris sa leçon, et pour l'aider à l'apprendre, vous pouvez lui poser ces questions et/ou lui proposer ces activités :

- Dans ces mots, trouve le radical : *chevalier / introuvable / déconseiller / éducation / illisible / doucement* / etc.
- Cherche des mots de la famille de : *chevalier (cavalier - chevaucher - cavaler - chevalerie) / introuvable (trouver - trouvaille) / innombrable (nombre - dénombrer) / désordre (ordre - contrordre - ordonner - coordonner - ordinaire)* / etc. Dans ces familles, le radical a-t-il une ou plusieurs formes ?
- À partir de ce radical, trouve quelques mots de la même famille : *lait (laitier, laiterie, laitage) / mer (amerrir, marin, maritime, sous-marin) / bois (sous-bois, boiser, déboiser, reboiser, boiserie)* / etc.

3

Les **suffixes**

- Les suffixes sont des éléments que l'on trouve à la fin des mots, après le radical. Ils servent à former de nouveaux mots.

cheval → chevalier éduquer → éducation

- Les suffixes donnent souvent une indication intéressante sur le sens des mots.

• **Le suffixe -er (ou -ier) permet de former par exemple :**
– des noms d'arbres et de plantes
→ cerisier, oranger…
– des noms de métiers
→ boulanger, pompier…

• **Les suffixes -ette, -et, -on, -eau servent souvent à former des diminutifs :**

maisonnette → petite maison
chaton → jeune chat

• **Les suffixes -able et -ible servent à former des adjectifs qui indiquent la possibilité :**

lisible → que l'on peut lire
potable → qui peut être bu

• **Les suffixes -té, -esse, -ise servent à former des noms, tous au féminin, qui indiquent une caractéristique :**

la franchise → caractéristique d'une personne franche

la curiosité → caractéristique d'une personne curieuse

• **Les suffixes -tion, -age, -ment servent à former des noms qui indiquent une action :**

admiration → action d'admirer
décollage → action de décoller
sifflement → action de siffler

- Les adverbes en -ment :

• **Le suffixe -ment sert à former des adverbes, qui indiquent souvent la manière :**

doucement → de manière douce

violemment → de manière violente

• **Pour former un adverbe en -ment, on ajoute généralement le suffixe -ment au féminin de l'adjectif :**

lent → lente → lentement
curieux → curieuse → curieusement

Le suffixe -ment s'écrit toujours de la même façon, qu'il soit à la fin d'un nom ou d'un adverbe.

à la maison

Pour s'assurer que l'enfant a bien compris sa leçon, et pour l'aider à l'apprendre, vous pouvez lui poser ces questions et/ou lui proposer ces activités :

- Dans ces mots, quel est le suffixe ? *naturel / américain / caissier / moqueur / possible / augmentation / déménagement / lavage / largement* / etc.
- Dans ces mots, quel sens a le suffixe ? *repassage / énervement / visible / acceptable / variation / jeunesse* / etc.
- Vous proposez un adjectif au féminin, vous l'épelez et vous demandez à l'enfant de former l'adverbe correspondant et de l'épeler : *claire (clairement) / véritable (véritablement)* / etc.

4 Les préfixes

- Les **préfixes** sont des éléments que l'on trouve au **début** des mots, avant le radical.

  disparaitre   prénom   surveiller   rebrancher   antivol

- Les **préfixes** donnent souvent une indication intéressante sur le **sens** des mots.
  - **Le préfixe dé- (ou dé- / dés- / dis-) donne l'idée d'annulation :**
    masquer → démasquer   ordre → désordre   continu → discontinu
  - **Le préfixe re- indique souvent la répétion, le recommencement :**
    lancer → relancer   construire → reconstruire

- **Il ne faut pas confondre :**
  - **le préfixe in- (ou im-) qui permet d'exprimer l'idée de contraire :**
    juste → injuste
    buvable → imbuvable
    mobile → immobile
  - **et les préfixes in- (ou im-), en- (ou em-) qui veulent dire dans :**
    immigrer → arriver dans un pays pour y vivre
    encadrer → mettre dans un cadre

---

5 Les mots composés

- Un **mot composé** est formé de plusieurs **mots**, qui, associés, créent un **sens nouveau**.

  pomme + terre → une pomme de terre
  arrière + grand + mère → une arrière-grand-mère

  - **Beaucoup de mots composés s'écrivent avec des traits d'union.**
    un petit-fils   un arrière-gout   une demi-finale
  - **Les mots composés à partir d'éléments latins ou grecs appartiennent le plus souvent au vocabulaire savant. Ils s'écrivent en un seul mot.**
    éléments grecs *géo* (*terre*) + *graphie* (*écrire*) → géographie
    éléments latins *carni* (*viande*) + *vore* (*manger*) → carnivore

à la maison

Pour s'assurer que l'enfant a bien compris sa leçon, et pour l'aider à l'apprendre, vous pouvez lui poser ces questions et/ou lui proposer ces activités :

4
- Dans ces mots, repère les préfixes : *disparaitre* / *débrancher* / *exclure* / *impossible* / etc.
- Dans ces mots, que permet d'exprimer le préfixe ? : *impoli (idée de contraire)* / *décoiffer (idée d'annulation)* / *importer (dans)* / etc.

5
- Forme des mots composés à partir des mots suivants : *petit*, *laver*, etc.
- Trouve des mots qui sont formés à partir de l'élément grec « -graphie » / de l'élément latin « -vore ».

6

Les **différents sens des mots**

Certains mots ont un seul sens.

ornithorynque, *n.m.* orteil, *n.m.* oser, *v.* obèse, *adj. et n.*

La plupart des mots courants ont plusieurs sens.

– Une bonne note à une évaluation → note : chiffre qui évalue le travail d'un élève
– La note de chauffage a augmenté → note : facture
– La lecture des notes de musique → note : signe qui transcrit la musique
– J'ai laissé une note sur le frigo → note : court message écrit

Pour choisir le sens d'un mot que tu ne connais pas, tu peux :

- **observer son contexte :**
  note d'évaluation note de chauffage note de musique prise de notes
- **essayer de comprendre comment le mot est fabriqué en t'appuyant sur le radical, les préfixes et les suffixes :**
  in-explic-able → qui ne peut pas être expliqué
- **vérifier ton hypothèse dans le dictionnaire.**
  Dans les articles de dictionnaire, il y a une numérotation qui t'aide à choisir entre les différents sens d'un mot.

apprendre *v.* 1. Faire savoir.
2. Enseigner.
3. Être informé de quelque chose.
4. S'exercer à savoir.

Parfois, quand il s'agit de mots homonymes qui ont la même orthographe, il faut choisir entre plusieurs articles du dictionnaire : *droit*, adj. et *droit*, n. ; *voler* et *voler*...

Les différents sens d'un verbe peuvent également dépendre de la construction du verbe.

jouer
- jouer *au* handball
- jouer une carte
- jouer *de la* guitare
- jouer *dans* un film
- jouer *avec* sa santé
- se jouer *des* difficultés

Les mots et les expressions peuvent être utilisés au sens propre ou au sens figuré.

boire de l'eau. → **sens propre**
boire les paroles de quelqu'un. → **sens figuré** *(écouter quelqu'un avec admiration)*

à la maison

Pour s'assurer que l'enfant a bien compris sa leçon, et pour l'aider à l'apprendre, vous pouvez lui poser ces questions et/ou lui proposer ces activités :

- Les mots suivants ont-ils un ou plusieurs sens ? *charade (un) / soir (un) / solide (plusieurs) / légume (un) / simple (plusieurs) / orthographe (un) / descendre (plusieurs).*
- Explique deux sens des mots : *règle / devoir / histoire / difficile / planter / rouler / uni / grave /* etc.
- Trouve des homonymes qui ne s'écrivent pas de la même façon (*ver, vert, vers, verre / pan et paon / ou et où /* etc.). Trouve des homonymes avec la même orthographe (*voile, voile / devoir, n. et devoir, v. / sens, sens /* etc.).
- Fais une phrase avec : *jouer à, jouer de / compter pour, compter sur / parler à, parler de / tromper quelqu'un, se tromper /* etc.
- Quel est le sens propre et le sens figuré de : *coup de foudre / fermer les yeux / une mère poule / avoir eu chaud /* etc.
- À quel numéro correspond le sens de *apprendre* dans « Edel apprend l'anglais à ses étudiants. » ?

7

Les mots génériques

- **Un mot générique a un sens général : il permet de donner un nom à un ensemble d'objets, de personnes, d'animaux, de connaissances, etc.**

Un cerisier, un manguier, un figuier, un murier font partie de la catégorie des arbres.
→ arbre est un **nom générique**.

L'astronomie, la biologie, l'informatique, la médecine sont des noms de sciences.
→ science est un **nom générique**.

La colère, la joie, la peur, la tristesse appartiennent à la catégorie des émotions.
→ émotion est un **nom générique**.

8

Les synonymes

- **Les synonymes sont des mots de sens proche.**

ami, copain, camarade sont des noms **synonymes**.	calme, paisible, tranquille sont des adjectifs **synonymes**.	s'enfuir, détaler, se sauver sont des verbes **synonymes**.

- **Un mot peut avoir plusieurs synonymes, mais pour en choisir un, il faut bien repérer son sens dans la phrase.**

Mes chaussures sont percées. (**synonyme :** *trouées*)	J'ai percé ce mystère. (**synonyme :** *résolu*)	On perce un tunnel. (**synonyme :** *creuse*)

9

Les mots de sens contraire (ou antonymes)

- **Les mots de sens contraire ont un sens opposé.**

riche ≠ pauvre   allumer ≠ éteindre   qualité ≠ défaut

- **Ces mots peuvent appartenir à une même famille de mots.**
Dans ce cas c'est un préfixe, qui permet alors d'exprimer le sens contraire.

<u>in</u>compréhensible est le **contraire** de compréhensible.

<u>dé</u>rouler est le **contraire** d'enrouler.

<u>im</u>portation est le **contraire** d'exportation.

à la maison

Pour s'assurer que l'enfant a bien compris sa leçon, et pour l'aider à l'apprendre, vous pouvez lui poser ces questions et/ou lui proposer ces activités :

7
- Cherche le mot générique pour : *rouge, vert, jaune / électricien, sagefemme / jalousie, gêne, gaieté* / etc.
- Trouve des exemples appartenant à la catégorie de ces mots génériques : *oiseau / instrument de musique / évènement / outil* / etc.
- Dans ces listes, repère le nom générique : *avion, bateau, moyen de transport, vélo / eau, cascade, torrent, fleuve / neige, orage, cyclone, phénomène météorologique* / etc.

8
- Trouve un synonyme pour les mots suivants : murmurer *(chuchoter) / découvrir (trouver) / agité (remuant, nerveux) / magasin (boutique, commerce) / blaguer (plaisanter)* / etc.
- Quel synonyme choisis-tu dans les cas suivants ? *Une eau claire (évidente* ou *limpide ?) / un excellent musicien (délicieux* ou *remarquable) / une crainte (une peur* ou *une terreur ?) / affranchir une lettre (libérer* ou *timbrer ?)* / etc.

9
- *Promenade* et *balade* sont-ils des mots de sens contraire (non, ce sont des synonymes) ? *Avancer* et *reculer* (oui) ? *Travail* et *métier* ? (non) *Visible* et *invisible* ? (oui) *Chanson* et *chanter* ? (non, ce sont des mots de la même famille)
- Trouve le contraire des mots suivants : *géant (nain) / long (court) / avantage (désavantage) / problème (solution) / heureux (malheureux) / entrée (sortie)* / etc.

10
La **phrase**

● **Pour qu'une suite de mots soit une phrase, il faut qu'elle ait un sens et qu'elle respecte les règles de la grammaire.**

● **En général, une phrase est composée :**
– d'un groupe sujet ;
– d'un groupe verbal ;
– et parfois de compléments de phrase (ou compléments circonstanciels – CC).

« Autrefois, le regard prend déjà la salière. »
Cette suite de mots n'est pas une phrase, car elle n'a pas de sens, même avec une majuscule et un point.

Hier soir,	Déborah	a oublié son livre de lecture	à l'école.
CC	Groupe sujet	Groupe verbal	CC

11
La **phrase exclamative**

● **Une phrase peut être à la forme exclamative.**
- **Elle exprime alors un sentiment : la surprise, la joie, la colère, etc.**
- **Elle se termine toujours par un point d'exclamation ! :**

– Zut, j'ai oublié mon rendez-vous ! *(phrase déclarative à la forme exclamative)*
– Quoi, tu n'es pas encore couchée ?! *(phrase interrogative à la forme exclamative)*
– Non, ne t'approche pas ! *(phrase impérative à la forme exclamative)*

12
Phrase négative, phrase affirmative

● **Une phrase est soit à la forme négative, soit à la forme affirmative.**

- **Pour que la phrase soit à la forme négative, on a besoin d'adverbes de négation :**

– ne … pas	Il ne fait pas chaud.
– ne … plus	Tu n'as plus faim.
– ne … jamais	Je n'ai jamais vu d'éléphant.
– ne … rien	Elle ne demande rien.

- **Quand une phrase n'est pas négative, elle est affirmative.**

Il fait chaud.
Tu as encore faim.
J'ai déjà vu un éléphant.
Elle demande un fruit.

à la maison

Pour s'assurer que l'enfant a bien compris sa leçon, et pour l'aider à l'apprendre, vous pouvez lui poser ces questions et/ou lui proposer ces activités :

10 ■ *Les enfants jouent dans la neige.* Est-ce que cette suite de mots est bien une phrase ? Comment peux-tu le prouver ? (Réponses possibles : *Elle a un sens. / Les mots sont dans l'ordre.* Même activité avec : *Les poissons la mer bateau. / Sous terre, les taupes creusent leurs galeries. / Seulement quelques restent jours cousins.* / Etc. Modifie les suites de mots incorrectes pour en faire des phrases bien construites.

11 ■ Dis les phrase suivantes en t'exclamant *[dire d'un ton neutre] : J'ai vu un extraterrestre. / Tu ne sais pas nager ? / Ne me parle pas sur ce ton. / Mon petit chat est mort.* / Etc. Quelle émotion exprime chaque phrase ? Donne le type et la forme de chaque phrase. À l'écrit, qu'est-ce qui change ? [le point d'exclamation].

12 ■ *Je n'ai pas peur.* Cette phrase est-elle à la forme affirmative, négative ? Transforme-la à la forme affirmative. Même activité pour : *Elle est toujours contente. / Il neige encore.* / Etc.

13

Les **types** de phrases

Toute phrase commence par une majuscule et finit par un point.

Je m'appelle Cléo.

Il y a plusieurs types de phrases. Différentes sortes de points permettent de les repérer.

- **Les phrases déclaratives :**
  - **Elles se terminent par un point ordinaire.** → Julie a dix ans.
  - **Elles donnent une information, racontent ou expliquent quelque chose.** → Elle est au CM2.
- **Les phrases interrogatives :**
  - **Elles se terminent par un point d'interrogation.** → Qu'est-ce que tu fais ?
  - **Elles posent des questions, interrogent.** → Où vas-tu ?
- **Les phrases impératives :**
  - **Elles se terminent par un point d'exclamation.** → Fais attention !
  - **Elles donnent un ordre, un conseil, une interdiction.** → Assieds-toi !

Il existe d'autres signes de ponctuation :

- **Les points de suspension sont utilisés pour indiquer qu'une phrase n'est pas finie, ou pour laisser du suspense :**

  Et le grand gagnant de notre concours est…

- **La virgule crée une courte pause à l'intérieur d'une phrase :**

  Sans aucun bruit, sous les yeux de son gardien, le prisonnier s'est échappé.

- **La virgule permet aussi de séparer les éléments d'une liste :**

  Jeanne, Sylvain, Renaud et Agathe sont absents aujourd'hui.

- **Les deux-points annoncent souvent un ou plusieurs exemples, ou une explication.**
  - Il y a beaucoup d'instruments à cordes : la guitare, le violon, la contrebasse, etc.
  - J'ai retrouvé ton collier : il était sous le canapé.

- **Un dialogue commence et finit par des guillemets.**
  Quand il y a un changement dans les personnes qui parlent, on utilise un tiret :

  « Bonjour, Claire !
  – Bonjour, François !
  – Qu'est-ce que tu fais dans ce magasin ?
  – Je cherche un chemisier. »

à la maison

Pour s'assurer que l'enfant a bien compris sa leçon, et pour l'aider à l'apprendre, vous pouvez lui poser ces questions et/ou lui proposer ces activités :

- Comment s'appelle le point qui ressemble à un *i* retourné ? Celui qui ressemble à un crochet ?
- Quel est le type de ces phrases ? Quel point faut-il mettre à la fin : *Comment tu t'appelles ? / Qu'elle est gentille, cette petite fille ! / Aujourd'hui, il pleut. / Eh, toi, là-bas, fais attention à… /* Etc.
- Invente une phrase qui finit par : un point ordinaire ; un point d'exclamation ; un point d'interrogation.

14 Les **noms**

- Le **nom** est un mot qui désigne une personne, un animal, un objet, une idée…
- Le nom est le mot le plus important du **groupe nominal**.
- Devant le nom, on trouve le plus souvent un **déterminant** (par exemple les articles le, la, les, un, une, des…).
  une voiture → la voiture → les voitures

- Il existe des **noms concrets**, pour tout ce qu'on peut voir, toucher, sentir…
  une fleur, un cheval, un ami, un livre…
- Il existe des **noms abstraits**, pour tout ce qu'on ne peut ni voir, ni toucher, ni sentir, ce qui n'existe que dans notre esprit :
  une idée, la gentillesse, une solution, la patience…

---

15 Les **noms propres** et les **noms communs**

- Un **nom propre** est un nom qui est donné à une personne en particulier, ou à une ville, une rivière, un pays…
  – M. Legrand → *nom de famille*
  – Juliette → *prénom*
  – Strasbourg → *nom de ville*
  – l'Espagne → *nom de pays*

- **Les noms propres commencent toujours par une majuscule.**
  Ma grand-mère s'appelle Marguerite.
  (Avec une majuscule, parce que Marguerite *c'est un prénom, un nom propre.)*

- **Tous les autres noms sont des noms communs. Ils commencent par une minuscule.**
  J'ai cueilli une marguerite.
  (Sans majuscule parce que, dans cette phrase, marguerite *n'est pas un prénom, c'est une fleur, un nom commun.)*

à la maison

Pour s'assurer que l'enfant a bien compris sa leçon, et pour l'aider à l'apprendre, vous pouvez lui poser ces questions et/ou lui proposer ces activités :

14
- Est-ce que le mot *école* est un nom ? Et le mot *trottoir* ? Et le mot *courir* ? Etc.
- Quand je dis *un avion*, où est le nom ? Où est le déterminant ? Et *la ficelle* ? / *Des maisons* ? Etc.
- Si je te dis le nom *cadeau(x)*, quels déterminants peux-tu mettre devant ? Et *bouteille(s)* ? Etc.

15
- Je vais te dire des noms. Trouve si ce sont des noms propres ou des noms communs : *Victor* / *sucre* / *avion* / *Marseille* / *pierre*, *Pierre* [dire les deux] / *facteur* / *Michel* / etc.
- Donne-moi trois exemples de noms propres dans ces catégories : villes / pays / prénoms / noms de famille.
- Écoute ces noms propres et trouve leur catégorie : *Dupont* / *Leclerc* / *Algérie* / *Allemagne* / *Canada* / *Johan* / *Mohamed* / *Rhône* / etc.
- Écoute cette phrase : *J'ai glissé sur une pierre*. Faut-il une majuscule à *pierre* ? Pourquoi ? Même activité avec : *J'ai rencontré Pierre en ville.* / *C'est Olivier qui a préparé la salade.* / *Les olives poussent sur les oliviers.* / Etc.

16

Les **déterminants**

- **Le déterminant est un mot qui est placé devant le nom commun.**

un chien	une chienne	mes lunettes
D N	D N	D N

- **Voici les déterminants les plus courants qu'il faut apprendre à reconnaitre.**

Articles indéfinis	Articles définis
un zèbre une autruche des gazelles	le singe la girafe l'éléphant les lions

Observe les différences de sens :	
Prends une cravate. *(→ n'importe laquelle)*	Prends la cravate rayée. *(→ celle-là en particulier)*
J'ai croisé un homme ce matin. *(→ on ne le connait pas)*	Ce soir, j'ai revu le même homme. *(→ celui dont on a déjà parlé)*

- **Les déterminants possessifs permettent de savoir à qui sont les choses.**

mon village	ma maison	mes affaires
ton village	ta maison	tes affaires
son village	sa maison	ses affaires
notre village	notre maison	nos affaires
votre village	votre maison	vos affaires
leur village	leur maison	leurs affaires

C'est mon sac. → Ce sac est **à moi**.

C'est leur voiture. → Cette voiture est **à eux**.

- **Les déterminants démonstratifs permettent de désigner ce dont on parle.**

ce garçon
cet animal
cette fille
ces enfants

C'est ce garçon. → Celui dont je parle.

C'est cette voiture. → Celle que je te montre.

- **Certains déterminants permettent de poser des questions.**

Quel âge as-tu ?
Quelle heure est-il ?
De quels livres as-tu besoin ?
Quelles vacances préfères-tu ?

Ce sont les déterminants interrogatifs.

- **Certains déterminants permettent de s'exclamer.**

Quel bonheur de te voir !
Quelle chaleur !
Quels imbéciles !
Quelles vacances de rêve !

Ce sont les déterminants exclamatifs.

à la maison

Pour s'assurer que l'enfant a bien compris sa leçon, et pour l'aider à l'apprendre, vous pouvez lui poser ces questions et/ou lui proposer ces activités :

- Récite les articles définis, les articles définis contractés, les articles indéfinis.
- Explique l'emploi des déterminants dans les phrases suivantes : *J'ai aperçu un écureuil. / Passe-moi l'assiette qui est devant toi. / J'ai besoin d'une gomme. / J'ai mis la chemise que tu m'as offerte. / L'écureuil s'est caché quand il m'a vu.* / Etc.
- Utilise des déterminants démonstratifs avec des objets que tu vois autour de toi (Ex. : *Passe-moi cette assiette.*)
- Utilise des déterminants possessifs avec des noms d'objets (Ex. : *J'ai perdu mes lunettes.*).
- Utilise des déterminants qui permettent de poser des questions dans des phrases comme : *Quel... veux-tu ? / De quelle... as-tu besoin ? / Quel... préfères-tu ?* / Etc.
- Complète : *Ces lunettes sont à Maman. → Ce sont ... lunettes. / Ce cadeau est pour nous → C'est ... cadeau.* / Etc.
- Il y a deux manières d'écrire : *De quelle[s] fille[s] parles-tu ?* Épèle (ou écris) les deux possibilités. Même question pour : *Quel[le] ami[e] préfères-tu ? / Quel[le]s ami[e]s inviteras-tu ? / Cet[te] artiste est doué[e].* / Etc.

17 Les adjectifs qualificatifs

- **Les adjectifs sont des mots qui donnent des renseignements sur le nom.**

une mignonne petite souris grise
D Adj. Adj. N Adj.

On a trois renseignements sur cette souris, donnés par les trois adjectifs : *mignonne, petite, grise* !

- **L'adjectif s'accorde toujours avec le nom.**
  - **Au masculin singulier :** mon meilleur ami
  - **Au masculin pluriel :** mes meilleurs amis
  - **Au féminin singulier :** ma meilleure amie
  - **Au féminin pluriel :** mes meilleures amies

- **Parfois, l'adjectif fait partie d'un groupe nominal. Il est alors placé juste à côté du nom. C'est un adjectif épithète.**

une fleur fanée
N Adj.

une histoire intéressante
N Adj.

un quartier calme
N Adj.

L'adjectif peut être placé juste avant ou juste après le nom :
– une *magnifique* maison
– une maison *magnifique*

- **Parfois, l'adjectif est placé après un verbe d'état (*être*, *sembler*, *devenir*, *rester*...). Dans ce cas, il fait partie du groupe verbal. C'est un attribut du sujet.**

Ces fleurs sont fanées.
N Vé Adj.

Ton histoire devient intéressante.
N Vé Adj.

Ce quartier semble calme.
N Vé Adj.

18 Les adverbes

- **Les adverbes sont des mots invariables. Dans cette classe grammaticale, on trouve :**

Des adverbes de manière	Des adverbes de négation	Des adverbes de temps	Des adverbes de lieu	Des adverbes mots de liaison
lentement	ne... pas	aujourd'hui	ici	pourtant
gentiment	ne ... plus	toujours	ailleurs	cependant
vraiment	ne... jamais	longtemps	partout	certes
...	...	...	...	...

à la maison

Pour s'assurer que l'enfant a bien compris sa leçon, et pour l'aider à l'apprendre, vous pouvez lui poser ces questions et/ou lui proposer ces activités :

17
- Trouve les adjectifs dans ces groupes nominaux : *une chaise haute / un énorme éléphant / de l'eau glacée / un grand chapeau pointu / une vieille chemise rayée /* etc. Indique s'ils sont au masculin ou au féminin, au singulier ou au pluriel.
- À quelle place peut-on trouver l'adjectif dans une phrase ?
- Dans les phrases suivantes, l'adjectif fait-il partie d'un groupe nominal ou d'un groupe verbal ? *La maison est immense. / J'habite une immense maison. / Le problème semble difficile. / Voilà un problème difficile. / Le temps devient orageux. / Je n'aime pas ce temps orageux. /* Etc.

18
- Trouve trois adverbes de négation / de lieu / Etc.
- Invente une phrase pour chaque adverbe : *hier / pourtant / calmement / ne ... jamais /* Etc.

19

Les pronoms

- Les **pronoms je, tu, il, elle, on, nous, vous, ils, elles** sont des **pronoms sujets**.

  - **Ils permettent de conjuguer le verbe à toutes les personnes.**

    je chante — on s'amuse
    tu parles — nous rentrons — etc.

  - **Les pronoms il, elle, ils, elles remplacent un groupe nominal.**
    Ils permettent d'éviter les répétitions dans la phrase.

    Le vieil homme (GN) était fatigué ; il s'arrêta au bord du chemin.

- Les **pronoms compléments du verbe remplacent des COD ou des COI** (voir leçon n° 33).

  - **le, la, les**
    – Je vois Tom. → Je le vois.
    – Je vois Léa. → Je la vois.
    – Je vois Tom et Léa. → Je les vois.

  - **lui, leur, y, en**
    – Je parle à Léa. → Je lui parle.
    – Je parle à Tom et à Léa. → Je leur parle.
    – Je pense aux vacances. → J'y pense.
    – Je rêve de vacances. → J'en rêve.

- **Il y a encore d'autres catégories de pronoms qui peuvent remplacer des groupes nominaux.**

  – Tes lunettes sont sales, **les miennes** sont propres.
  – Je n'aime pas trop cette chemise, je préfère **celle-ci**.
  – Les feuilles sont presque toutes tombées de l'arbre, seules **quelques-unes** s'accrochent encore.

à la maison

Pour s'assurer que l'enfant a bien compris sa leçon, et pour l'aider à l'apprendre, vous pouvez lui poser ces questions et/ou lui proposer ces activités :

- Dans ces phrases, repère les pronoms sujets et les pronoms compléments, et imagine les GN sujet et complément qu'ils peuvent remplacer : *Il les amuse.* (Par exemple : *Le clown amuse les enfants.*) / *On leur téléphone.* / *Elles s'y intéressent.* / *Ils leur écrivent.* / *On la remarque.* / Etc.
- Dans ces phrases, remplace les GS et les compléments de verbe par des pronoms : *Marie ne voit pas souvent ses parents.* (Réponse : *Elle ne les voit pas.*) / *Les enfants obéissent à la maitresse.* / *La maman chatte câline ses petits.* / *Cette musique plait beaucoup à mes parents.* / Etc.

20

Les **verbes**

Le verbe est le mot placé au cœur de la phrase, entre le sujet et le complément de verbe.

Ma cousine Sarah	habite	un immeuble du centre-ville.
	V	COD
GS	GV	

Pour savoir si un mot est un verbe, j'essaie de le conjuguer avec plusieurs pronoms personnels sujets (*je*, *tu*, *il*, *elle*, *on*, *nous*, *vous*, *ils*, *elles*).

manger → *je mange, tu manges, nous mangeons* : *manger* est un verbe.

danger → *je danger, tu danger, ils danger* : *danger* n'est pas un verbe.

- **C'est un mot qui se conjugue. Il change de forme suivant le temps de conjugaison.**

- **Quand le verbe n'est pas conjugué, on dit qu'il est à l'infinitif.**

Je dessine un cheval. *(à l'infinitif, c'est le verbe* **dessiner***)*
Je vais à l'école. *(à l'infinitif, c'est le verbe* **aller***)*
J'ai pris le train. *(à l'infinitif, c'est le verbe* **prendre***)*

Dans le dictionnaire, tu trouves les verbes à l'infinitif.

- **Quand le verbe est conjugué à un temps simple, il est formé d'un seul mot.**

je parle
tu parleras
on parlait

- **Quand le verbe est conjugué à un temps composé, il est formé de deux mots.**

l'auxiliaire avoir ou être	+	le participe passé
j'ai		parlé
vous avez		terminé
nous sommes		arrivés
elles sont		parties

parl-, c'est le radical et -e, -eras, -ait sont des terminaisons.

à la maison

Pour s'assurer que l'enfant a bien compris sa leçon, et pour l'aider à l'apprendre, vous pouvez lui poser ces questions et/ou lui proposer ces activités :

- Est-ce que le mot *répondre* est un verbe ? Et le mot *plaisir* ? Et le mot *rêver* ? Etc.
- Si je dis : *Je rentre à pied.* Quel mot est le verbe ? Peux-tu donner son infinitif ? Même activité avec : *Demain, je planterai des fleurs.*
- Je te dis un mot et tu dois me dire si c'est un verbe ou un nom, puis expliquer comment tu as fait pour trouver : *arrosoir* / *poussette* / etc.
- Quel est l'infinitif de ces verbes : *on fera* / *ils écrivaient* / *tu as dormi* / *vous écouterez* / *j'apprendrai* / Etc. ?
- Quand je dis : *nous avons fini*, le verbe est-il à un temps simple ou à un temps composé ? Même activité avec : *elle dormait* / *ils auront mangé* / *tu as compris* / *on viendra* / *nous nous étions trompés* / etc.
- Qu'est-ce que le 1er groupe ? le 2e groupe ? le 3e groupe ?
- Je te dis un verbe ; précise son groupe : *manger* / *croire* / *réussir* / *entendre* / *apparaitre* / etc.
- Je te dis un verbe conjugué ; trouve son infinitif et son groupe : *nous applaudissons* / *ils écoutent* / *je dors* / *elles savent* / *elle comprend* / *tu connais* / *vous réfléchissez* / Etc.

21

Le **présent**

- Le **présent** est un temps pour dire ce qui se passe au moment où l'on écrit, ou ce qui est toujours vrai, ce qui ne change pas.

Verbes en -er 1er groupe		Verbes en -ir, -re, -oir 2e et 3e groupes		Verbes en -dre	
je	chant**e**	je	réussi**s**	je	ven**ds**
tu	parl**es**	tu	écri**s**	tu	enten**ds**
il, elle, on	dans**e**	il, elle, on	voi**t**	il, elle, on	se défen**d**
nous	jou**ons**	nous	part**ons**	nous	pren**ons**
vous	mang**ez**	vous	ri**ez**	vous	appren**ez**
ils, elles	dessin**ent**	ils, elles	sav**ent**	ils, elles	comprenn**ent**

- **Quelques particularités à retenir :**
  – Verbes en **-cer** : j'avance - nous avançons
  – Verbes en **-ger** : je mange - nous mangeons
  – Verbes en **-yer** : j'essaie - nous essayons
  – Verbes en **-eler** : je gèle - nous gelons
  – Verbes en **-eter** : j'achète - nous achetons

à la maison

Pour s'assurer que l'enfant a bien compris sa leçon, et pour l'aider à l'apprendre, vous pouvez lui poser ces questions et/ou lui proposer ces activités :

- Conjugue au présent les verbes : *jouer / finir / comprendre /* etc.
- Quelle est la terminaison de : *tu cours / tu perds / tu cries* ? Comment expliques-tu ces différences ?
- Y a-t-il une différence à l'écrit : entre *tu réponds* et *il répond* ? entre *je crois* et *tu crois* ? entre *je danse* et *tu danses* ? entre *il dessine* et *les enfants dessinent* ? entre *je comprends* et *tu comprends* ? Etc.
- Quelle(s) lettre(s) retrouve-t-on dans la terminaison au présent de tous les verbes avec le sujet : *tu (-s) / nous (-ons) / vous (-ez) / ils* ou *elles (-(e)nt)* ?
- Comment écrit-on : *il lance / nous lançons / vous nagez / nous nageons / je m'ennuie / vous vous ennuyez / nous modelons / je modèle / je halète / nous haletons* / Etc. ?

22

L'imparfait

L'imparfait est un temps du passé, pour dire ce qui se passait hier, l'année dernière, autrefois, etc.

je	parlais	je	dormais	je	prenais
tu	parlais	tu	dormais	tu	prenais
il, elle, on	parlait	il, elle, on	dormait	il, elle, on	prenait
nous	parlions	nous	dormions	nous	prenions
vous	parliez	vous	dormiez	vous	preniez
ils, elles	parlaient	ils, elles	dormaient	ils, elles	parlaient

Quelques particularités à retenir :

Verbes en -yer : nous balayons (présent) - nous balayions (imparfait)

Verbes en -ier : vous criez (présent) - vous criiez (imparfait)

Recette pour former l'imparfait :

1. Prends un verbe : *finir*
2. Conjugue-le au présent avec le sujet nous : *finissons*
3. Supprime la terminaison (il reste le radical) : *finiss* | *ons*
4. Ajoute maintenant les terminaisons de l'imparfait : *finiss* + *ais* / *ait* / *ions* / *iez* / *aient*

à la maison

Pour s'assurer que l'enfant a bien compris sa leçon, et pour l'aider à l'apprendre, vous pouvez lui poser ces questions et/ou lui proposer ces activités :

- Conjugue à l'imparfait le verbe *dormir* : *La nuit dernière, je... / tu...* Etc. (Faire épeler les terminaisons.)
  Même activité avec les verbes *rêver* / *finir* / *avoir* / etc.
- *Cette année, je fais du judo.* Transforme cette phrase à l'imparfait : *L'année dernière, je...*
  Même activité avec : *Cette année, Karim est au CM2.* Etc.
- Utilise la recette pour former l'imparfait de : *danser* / *ralentir* / *dessiner* / etc.
- Comment écris-tu : *Vous mangiez* / *Les enfants jouaient* / *Le vent soufflait* / *Nous finissions* ? Etc.
- Conjugue à l'imparfait : le verbe *partir* avec *vous* / le verbe *dessiner* avec *Marie et Sarah* / etc.
- Conjugue à l'imparfait : le verbe *plier* avec *nous* / le verbe *s'ennuyer* avec *vous* / le verbe *se méfier* avec *vous* / le verbe *payer* avec *nous* / etc.

23 Le participe passé

Le **participe passé** est une forme verbale qui peut se terminer par -é, -i, -u, -s ou -t selon les verbes.

-é		-i		-u	
chanter	→ chanté	finir	→ fini	courir	→ couru
aller	→ allé	ralentir	→ ralenti	venir	→ venu
être	→ été	sortir	→ sorti	lire	→ lu

-is		-t	
prendre	→ pris	faire	→ fait
mettre	→ mis	ouvrir	→ ouvert
assoir	→ assis	écrire	→ écrit

- **On l'utilise seul, comme un adjectif…**

Endormie sur mon épaule,
la fillette respirait calmement.
(employé comme un adj.)

- **… ou avec être et avoir pour former le passé composé :**

Elle **s'est** endormie tout de suite.
(passé composé)

- **Quand on utilise le participe passé, c'est que l'action est déjà passée.**

J'ai bien mangé !

- **Sinon, on utilise l'infinitif.**

J'ai envie de manger.

à la maison

Pour s'assurer que l'enfant a bien compris sa leçon, et pour l'aider à l'apprendre, vous pouvez lui poser ces questions et/ou lui proposer ces activités :

- Forme le participe passé de : *marcher / danser / finir / grandir / sortir / lire / entendre / avoir / être / savoir* / etc.
- Trouve l'infinitif de ces verbes au participe passé : *rangé / dit / parti / surpris / découvert / entendu / compris / bu / rentré / su / interdit* / etc.
- Dans ces phrases, le verbe est-il à l'infinitif ou au participe passé ? *J'ai acheté des chaussures. / Je vais acheter des chaussures. / J'ai envie de voyager. / J'ai voyagé dans tous les pays. / Les fleurs ont bien poussé. / Les fleurs vont encore pousser.* / Etc.

24

Le **passé composé**

- Le **passé composé** est un temps du passé, pour dire ce qui est arrivé hier, l'année dernière, autrefois, etc.

• Le plus souvent, on forme le passé composé avec **avoir** suivi du **participe passé**.

sujet	avoir	participe passé
j'	ai	marché
tu	as	réfléchi
il, elle, on	a	couru
nous	avons	ouvert
vous	avez	compris
ils, elles	ont	chanté

• Parfois, on forme le passé composé avec **être** suivi du **participe passé**.

sujet	être	participe passé
je	suis	venu·e
tu	es	parti·e
il, on	est	allé
elle	est	allée
nous	sommes	tombé·e·s
vous	êtes	arrivé·e·s
ils	sont	entrés
elles	sont	entrées

25

Le **plus-que-parfait**

- Le **plus-que-parfait** est un autre temps du passé. Il ressemble au passé composé sauf que l'auxiliaire est conjugué à l'imparfait.

sujet	avoir	participe passé
j'	avais	marché
tu	avais	réfléchi
il, elle, on	avait	couru

sujet	avoir	participe passé
nous	avions	ouvert
vous	aviez	compris
ils, elles	avaient	chanté

à la maison

Pour s'assurer que l'enfant a bien compris sa leçon, et pour l'aider à l'apprendre, vous pouvez lui poser ces questions et/ou lui proposer ces activités :

24
- Conjugue au passé composé le verbe *danser* : *Samedi dernier, j'... / tu...* Etc.
  (Faire écrire ou épeler les terminaisons.)
  Même activité avec les verbes : *réfléchir / courir.*
- *Aujourd'hui, je mange à la cantine.*
  Transforme cette phrase au passé composé : *Hier, j'...*
  Même activité avec : *Je finirai mes devoirs tout à l'heure. / Aujourd'hui, je prends le train.* / Etc.
- Comment écris-tu : *elle a joué / tu as rougi / je n'ai pas entendu / nous avons réussi* / etc. ?
- Ces verbes au passé sont-ils formés avec *avoir* ou *être* ? *Nous sommes venus. / Tu as travaillé. / Tu es partie. / Elles sont arrivées. / Ils ont dormi.* / Etc.

25
- Conjugue au plus-que-parfait les verbes *danser, réfléchir, courir, aller*, etc. (Faire écrire ou épeler les formes conjuguées.)

26 Le passé simple

● Le **passé simple** est un temps du passé.

On ne l'utilise qu'à l'**écrit**, par exemple dans les contes ou les romans, et surtout à la 3e personne du singulier (il, elle, on) et du pluriel (ils, elles).

terminaisons **-a / -èrent** (verbes en -er)	terminaisons **-it / -irent** (verbes en -ir, -re, -oir)	terminaisons **-ut / -urent** (quelques verbes)	terminaisons **-int / -inrent** (v. *tenir* et *venir*)
1er groupe	2e et 3e groupes		
je chantai	*je réussis*	*je courus*	*je tins*
tu parlas	*tu écrivis*	*tu lus*	*tu vins*
il / elle / on } dansa	il / elle / on } partit	il / elle / on } eut	il / elle / on } vint
nous jouâmes	*nous cueillîmes*	*nous reçûmes*	*nous tînmes*
vous dessinâtes	*vous descendîtes*	*vous bûtes*	*vous vîntes*
ils / elles } mangèrent	ils / elles } sentirent	ils / elles } furent	ils / elles } vinrent

27 Le futur

● Le **futur** est un temps pour dire ce qui se passera plus tard, dans l'avenir (ce soir, demain, dans une semaine, etc.).

Au **futur**, tous les verbes ont la **même terminaison**.

Les verbes en -er gardent le e et le r de l'infinitif au futur.		Les autres verbes ont aussi un r au futur, mais pas de e.	
je chanterai	nous crierons	je partirai	nous dormirons
tu joueras	vous dessinerez	tu écriras	vous prendrez
il, elle, on mangera	ils, elles oublieront	il, elle, on répondra	ils, elles guériront

à la maison

Pour s'assurer que l'enfant a bien compris sa leçon, et pour l'aider à l'apprendre, vous pouvez lui poser ces questions et/ou lui proposer ces activités :

26
- Conjugue au passé simple : *arriver (il arriva, ils arrivèrent) / partir (elle partit, elles partirent) / voir (il vit, ils virent) / apercevoir (elle aperçut, elles aperçurent) / venir (il vint, ils vinrent) /* etc.
- Dans ces phrases, repère les verbes au passé simple et donne leur infinitif : *Elle reçut un coup au cœur. / Ils mirent leur armure et montèrent sur leur cheval. / Je pris mes affaires et sortis. / Je compris mon erreur et retournai sur mes pas. / Ils retinrent leur souffle. / Ils eurent beaucoup de chance.*

27
- Conjugue au futur le verbe *chanter* : *Demain, je… / tu…* (Faire écrire ou épeler les terminaisons.) Même activité avec : *réussir / partir.*
- *Aujourd'hui, je fais du piano.* Transforme cette phrase au futur : *Demain, je…* Même activité avec : *Aujourd'hui, je copie une poésie. / Aujourd'hui, je dors chez toi.* Etc.
- Comment écris-tu : *elle jouera* ? Pourquoi y a-t-il un -e- ? Comment écris-tu : *elle prendra* ? Pourquoi n'y a-t-il pas de -e- ? Etc.

28 Des verbes à bien connaitre

Ces verbes ont des particularités (surlignées en beige) qu'il faut apprendre par cœur !

	verbes	présent	imparfait	futur	passé simple
a	**avoir**	j' ai tu as il a nous avons vous avez ils ont	j'avais *etc.*	j' aurai *etc.*	il eut ils eurent
b	**être**	je suis tu es il est nous sommes vous êtes ils sont	j'étais *etc.*	je serai *etc.*	il fut ils furent
c	**faire**	je fais nous faisons vous faites ils font	je faisais *etc.*	je ferai *etc.*	il fit ils firent
d	**dire**	je dis vous dites	je disais *etc.*	je dirai *etc.*	il dit ils dirent
e	**aller**	je vais tu vas il va nous allons vous allez ils vont	j'allais *etc.*	j' irai *etc.*	il alla ils allèrent
f	**venir**	je viens nous venons vous venez ils viennent	je venais *etc.*	je viendrai *etc.*	il vint ils vinrent
g	**voir**	je vois nous voyons vous voyez ils voient	je voyais nous voyions vous voyiez ils voyaient	je verrai *etc.*	il vit ils virent
h	**vouloir**	je veux tu veux il veut	je voulais *etc.*	je voudrai *etc.*	il voulut ils voulurent
i	**pouvoir**	je peux tu peux il peut	je pouvais *etc.*	je pourrai *etc.*	il put ils purent

à la maison

Pour s'assurer que l'enfant a bien compris sa leçon, et pour l'aider à l'apprendre, vous pouvez lui poser ces questions et/ou lui proposer ces activités :

- Faire conjuguer les verbes à apprendre (pas seulement les formes surlignées en beige, mais l'ensemble des personnes, en s'appuyant sur les savoirs acquis pour les verbes réguliers du 3ᵉ groupe).
- Comment écris-tu : *il pourra* ? *je veux* ? *nous faisions* ? *vous dites* ? *ils eurent* ? etc.
- Transforme la phrase… Au présent / au futur : *Qu'est-ce que vous disiez ?* Au présent / à l'imparfait : *Ils auront soif.* Etc.

29 Le groupe sujet

● **Le groupe sujet (GS) est le premier élément important de la phrase de base.**

- **Le plus souvent, il exprime le thème de la phrase :**
  ***de quoi, de qui* la phrase va-t-elle parler ?**

Mon cousin Jérémy fait ses devoirs.

La machine à laver est en panne.

De qui parle cette phrase ?
Cette phrase parle de...
mon cousin Jérémy
→ c'est le sujet.

Et qu'apprend-on sur le sujet ?
Il... *fait ses devoirs*
→ c'est le groupe verbal.

De quoi parle cette phrase ?
De la machine à laver !
La machine à laver, c'est
le sujet de la phrase.

● **Le sujet de la phrase peut être :**

- **un groupe nominal**
  – Le vent souffle fort.
  – Les élèves de la maternelle préparent un spectacle.
  – Mes grands-parents habitent à Nancy.
- **un pronom**
  – Tu dessines bien.
  – Vous rentrez de l'école.
  – Elles s'amusent ensemble.
- **un nom propre**
  – M. Dubois fait ses courses.
  – Jordan apprend une poésie.
  – Paris est la capitale de la France.

Même si le sujet est
composé d'un seul mot,
on l'appelle le groupe sujet !

● **C'est important de repérer le groupe sujet, car il faut toujours accorder le verbe avec le sujet.**

Les alpinistes rencontr**ent** la journaliste.
GS → V

La journaliste rencontr**e** les alpinistes.
GS → V

à la maison

Pour s'assurer que l'enfant a bien compris sa leçon, et pour l'aider à l'apprendre, vous pouvez lui poser ces questions et/ou lui proposer ces activités :

- Trouve le groupe sujet de ces phrases et indique si c'est un nom propre, un groupe nominal ou un pronom : *Jeanne a perdu son cartable. / Ce soir, je fais des crêpes. / Le soleil brille.* / Etc.
- Trouve le groupe sujet de cette phrase : *Le médecin aide les pompiers.* Où est le sujet ? Comment s'écrit le verbe ? Maintenant, « retourne » la phrase : *Les pompiers...* Où est le sujet ? Comment s'écrit le verbe ? Même activité avec : *Les joueurs félicitent l'entraineur. / La poule se promène avec les poussins.* / Etc.

30

Les **fonctions** dans le **groupe nominal**

- **Avec d'autres mots, le nom forme le groupe nominal (c'est-à-dire le groupe du nom).**

  - **Certains groupes nominaux sont très courts, d'autres sont très longs.**
    – une **baguette** *(seulement deux mots : un déterminant et un nom)*
    – une bonne **baguette** de la boulangerie qui se trouve près de chez moi *(treize mots !)*

  - **On peut enlever certains éléments d'un groupe nominal, mais pas le nom « chef du groupe ».**

- **Dans un groupe nominal, il peut y avoir :**

- **un ou plusieurs adjectif(s) épithète(s), placés avant ou après le nom.**

  une réunion importante
  D N Adj.

  une importante réunion
  D Adj. N

- **un complément du nom, placé après le nom.**

  une réunion de grande importance
  D N CdN

- **On appelle l'adjectif épithète et le complément du nom des expansions du nom.**

- **Il peut y avoir plusieurs expansions du nom dans un seul groupe nominal.**

un petit **mammifère** insectivore au corps couvert de piquants
D Adj. **N** Adj. CdN

GN

à la maison

Pour s'assurer que l'enfant a bien compris sa leçon, et pour l'aider à l'apprendre, vous pouvez lui poser ces questions et/ou lui proposer ces activités :

- Enlève tous les mots que tu peux supprimer dans : *une vieille maison abandonnée.* Quel est le nom chef du groupe ? Même activité avec : *la dernière allumette de la boite / une découverte très importante / un enfant qui joue seul* / etc.
- Ajoute un ou deux adjectifs, puis un complément du nom à ces groupes nominaux : *une fille* (ex. : *une petite fille blonde de la maternelle*) / *une maison* (*une vieille maison abandonnée à la sortie du village*) / Etc.

31 Les compléments du nom

Comme les adjectifs épithètes, les compléments du nom donnent des renseignements sur le nom.

un crayon de couleur
D N CdN

une machine à laver
D N CdN

un mouchoir en papier
D N CdN

le chat des voisins
D N CdN

Il y a au moins deux mots dans un complément du nom, mais il peut être beaucoup plus long.

les élèves de la classe de CM2 de l'école Jules Ferry
D N CdN

Un complément du nom commence toujours par une préposition : à, de, pour, en, sans, etc.

---

32 Les compléments du verbe

Le complément du verbe (ou complément d'objet) fait partie du groupe verbal.

- **Le plus souvent, on ne peut pas le supprimer, car il est indispensable.**

Mattéo [ressemble à son grand-père.] — ~~Mattéo ressemble~~.
GS V CO
GV

- **Parfois, un verbe a deux compléments de verbe.**

Cynthia [lance la balle à Sammy.]
GS V CO CO
GV

Pascal [a prévenu Laura de son arrivée.]
GS V CO CO
GV

à la maison

Pour s'assurer que l'enfant a bien compris sa leçon, et pour l'aider à l'apprendre, vous pouvez lui poser ces questions et/ou lui proposer ces activités :

31
- À quoi servent les compléments du nom ? Comment les reconnait-on ?
- Dans le GN *une étoile de mer*, y a-t-il un complément du nom ou un adjectif qualificatif ? Et dans : *une étoile filante / un sapin de Noël / un sapin vert / une personne en colère / une personne calme* ? Etc.

32
- Écoute ces phrases et trouve le sujet, le verbe et le complément de verbe : *Martha sourit à sa copine. / Julie embrasse son grand-père. / Le petit chien obéit à son maitre. / Le petit chien reconnait son maitre. / Dorian s'aperçoit de ses erreurs. / Dorian corrige ses erreurs.*
- Dans les phrases suivantes, trouve le groupe sujet, le verbe et les deux compléments de verbe : *Julien offre une glace à son petit frère. / Quentin parle de ses projets à ses parents. / Les CM1 prêtent leur ballon aux CE2. / L'animateur du jeu laisse une dernière chance au candidat.* / Etc.

33 Les COD et COI

- Il existe deux sortes de compléments d'objet : les compléments d'objet indirects (COI) et les compléments d'objets direct (COD).
- Les compléments d'objet indirects (COI) commencent par une préposition, à ou de :

J'écris à mon grand-père. (à mon grand-père : COI)   Je rêve de soleil. (de soleil : COI)

- Les compléments d'objet direct (COD) ne commencent pas par une préposition :

Je dessine mon grand-père. (mon grand-père : COD)   J'adore le soleil. (le soleil : COD)

---

34 L'attribut du sujet

- L'attribut du sujet (AdS) donne une information sur le sujet de la phrase.

• Il se trouve toujours après un verbe d'état.

	Verbes d'état
Mes yeux **sont** bleus.	**être**
La maison **semble** inhabitée.	**sembler**
Paula **deviendra** trapéziste.	**devenir**
Les élèves **restent** calmes.	**rester**
Elle **demeure** silencieuse.	**demeurer**
Il **parait** fatigué.	**paraitre**

• L'attribut du sujet peut être un adjectif qualificatif, un nom ou un groupe nominal.

Paul est courageux.
Adj.

Paul est pompier.
N

Paul est un pompier très courageux.
GN

- Attention ! il ne faut pas confondre l'attribut du sujet et le complément d'objet direct (COD) !

• Un attribut du sujet désigne la même personne ou la même chose que le groupe sujet.

Pedro deviendra jongleur.
GS = AdS

Ma mère est la directrice de l'école.
GS = AdS

• Un COD, au contraire, ne désigne pas la même personne ou la même chose que le groupe sujet.

Pedro applaudit le jongleur.
GS ≠ COD

Ma mère rencontre la directrice de l'école.
GS ≠ COD

à la maison

Pour s'assurer que l'enfant a bien compris sa leçon, et pour l'aider à l'apprendre, vous pouvez lui poser ces questions et/ou lui proposer ces activités :

33
- Que veulent dire les sigles COD, COI ?
- *Quelle est la différence entre un COD et un COI ?*

34
- Récite la liste des verbes d'état.
- Dans cette phrase, trouve l'attribut du sujet : *Patrick est danseur.* Est-ce un Adj., un N, un GN ? Même travail avec : *Les chats semblent heureux. / Elle reste championne de France. / Le feuillage en automne devient magnifique.* / Etc.
- Dans ces phrases, y a-t-il un verbe d'état, un AdS ou un complément d'objet direct (COD) ? *Tu resteras toujours mon ami. / Sabine m'a présenté son ami. / Mon grand-père occupe cette maison. / Cette maison semble la plus grande du quartier. / La chaleur devient étouffante. / Les vacanciers cherchent la chaleur. / Ta voiture parait très puissante.* / Etc.

35

Les compléments de phrase ou compléments circonstanciels

Les compléments de phrase complètent toute la phrase.

Mon frère a changé, ces derniers mois.

Ce complément complète toute la phrase : c'est un complément de phrase.

- **Les compléments de phrase peuvent changer de place dans la phrase :**
  - Ces derniers mois, mon frère a changé.
  - Mon frère, ces derniers mois, a changé.
  - Mon frère a changé, ces derniers mois.

Les compléments du verbe complètent seulement le verbe.

Mon frère a changé la roue de son vélo.

Ce complément complète seulement le verbe : c'est un complément du verbe.

- **Les compléments du verbe ne peuvent pas changer de place dans la phrase :**
  - Mon frère a changé la roue de son vélo.
  - ~~La roue de son vélo~~ mon frère a changé.
  - Mon frère ~~la roue de son vélo~~ a changé.

Le plus souvent, les compléments de phrase (ou compléments circonstanciels) ne sont pas indispensables ; on peut les supprimer.

L'éléphant fait la sieste sous un baobab. → L'éléphant fait la sieste.

Les compléments circonstanciels permettent de donner des informations importantes.

– Où, à quel endroit se passe l'action (complément circonstanciel de lieu – CCL) :

L'oiseau construit son nid dans les branches de l'arbre.
CCL

– Quand, à quel moment se passe l'action (complément circonstanciel de temps – CCT) :

L'oiseau construit son nid depuis quelques jours.
CCT

– Pour quelle raison, à cause de quoi se passe l'action (complément circonstanciel de cause – CCC) :

L'oiseau construit son nid en raison de l'arrivée du printemps.
CCC

à la maison

Pour s'assurer que l'enfant a bien compris sa leçon, et pour l'aider à l'apprendre, vous pouvez lui poser ces questions et/ou lui proposer ces activités :

- Comment peux-tu reconnaitre un complément de phrase ? Quelles sont les différences avec un complément de verbe ?
- Dans ces phrases, trouve s'il s'agit d'un complément de phrase ou de verbe : *Le boulanger pétrit la pâte. / Le pain cuit dans le four. / Papa travaille de nuit. / Papa s'occupe de ma sœur.*
- Dans ces phrases, repère le ou les compléments de phrase : *Les vacances commenceront dans une semaine. / J'ai trouvé deux euros sous le canapé. / Demain matin, Farida part en Angleterre. / Léa joue à l'intérieur à cause de la pluie.* / Etc.

36

Le **féminin** et le **masculin** des noms et des adjectifs : le **genre**

Les noms et les adjectifs peuvent être au féminin ou au masculin. En grammaire, c'est ce qu'on appelle le genre.

- **Observe les différences suivantes.**

au féminin	**au masculin**
une petite vache	un petit taureau
ma meilleure amie	mon meilleur ami
une chemise noire	un pantalon noir

Attention ! Le féminin, ce n'est pas que pour les filles : On dit *une girafe*, même si c'est un mâle ! On dit *une pomme*, mais ce n'est ni une fille, ni un garçon !

Attention ! Le masculin, ce n'est pas que pour les garçons : On dit *un lézard*, même si c'est une femelle ! On dit *un ballon*, mais ce n'est ni une fille, ni un garçon !

Il existe de nombreuses façons de former le féminin.

• **On ajoute simplement un -e :**	un lapin noir	→ une lapine noire
• **On double la consonne et on ajoute un -e :**	un bon musicien	→ une bonne musicienne
• **La finale du masculin change :**	un beau tigre	→ une belle tigresse
	un nouveau chanteur	→ une nouvelle chanteuse
	un épicier heureux	→ une épicière heureuse
	un explorateur actif	→ une exploratrice active
• **Le mot entier change :**	un mouton	→ une brebis
• **Rien ne change :**	un artiste comique	→ une artiste comique

à la maison

Pour s'assurer que l'enfant a bien compris sa leçon, et pour l'aider à l'apprendre, vous pouvez lui poser ces questions et/ou lui proposer ces activités :

- *Une boulangerie*, c'est un nom masculin ou féminin ? Et *un nuage* ? Etc.
- Si je dis : *un monsieur très *grande*. Qu'est-ce qui ne va pas ? Et : *une *beau voiture* ? Etc.
- Transforme au féminin *un petit chien*. Comment as-tu formé le féminin ? Même travail avec : *un inspecteur curieux / un courageux aviateur / le premier garçon / un élève attentif / un éléphant gris / un roi anglais / un acteur américain / un prince sympathique* / Etc.
- Transforme au masculin : *une nouvelle maitresse / une spectatrice admirative / une bergère inquiète / une chèvre perdue / une danseuse agile* / Etc.

37

Le **singulier** et le **pluriel** des noms et des adjectifs : le **nombre**

Les noms et les adjectifs peuvent être au singulier ou au pluriel. En grammaire, c'est ce qu'on appelle le nombre.

- **Au pluriel, les noms et les adjectifs prennent presque toujours un s.**

le petit chat	→	les petits chats
une carte postale	→	des cartes postales

- **Les noms qui finissent par -s, -x ou -z ne changent pas au pluriel.**

une brebis	→	des brebis	une noix	→	des noix	une merguez	→	des merguez
un tapis	→	des tapis	le prix	→	les prix	un gaz	→	des gaz

- **Les noms et les adjectifs en -al s'écrivent -aux au pluriel.**

un journal spécial	→	des journaux spéciaux
un hôpital régional	→	des hôpitaux régionaux

- **Les noms et les adjectifs en -eau s'écrivent -eaux au pluriel.**

le beau château	→	les beaux châteaux
un nouveau bureau	→	des nouveaux bureaux

- **Au pluriel, les noms en -ou prennent un s…**

un trou	→	des trous
un fou	→	des fous
un verrou	→	des verrous
un bisou	→	des bisous
un filou	→	des filous
…		

… sauf quelques-uns qui prennent un x.

un bijou	→	des bijoux
un caillou	→	des cailloux
un genou	→	des genoux
un hibou	→	des hiboux
un pou	→	des poux

à la maison

Pour s'assurer que l'enfant a bien compris sa leçon, et pour l'aider à l'apprendre, vous pouvez lui poser ces questions et/ou lui proposer ces activités :

- Mets ces groupes nominaux au pluriel : *une vache noire et blanche / un ours gris / un fou amical* / etc. (Choisir les exemples selon les listes à apprendre.)
- Mets ces groupes nominaux au singulier : *des choux verts / des merguez grillées / des animaux sauvages* / etc. (Choisir les exemples selon les listes à apprendre.)

38 c ou ç ?

- On écrit ç devant les voyelles a, o, u :

ça → ça va
ço → un garçon
çu → je suis déçu

- Il n'y a pas besoin de cédille pour :

ce → un bracelet
ci → un citron

39 c ou qu ?

- Pour entendre le son [k], on écrit c pour :

ca → un caramel
co → de la colle
cu → curieux

- On écrit qu pour :

que → la musique
qui → une équipe

- On écrit parfois le son [k] avec k, ch, ck ou q :

k → un koala
ch → la technique
ck → un ticket
q → un coq

40 g ou gu ?

- On écrit g pour :

ga → un garçon
go → une gomme
gu → un légume

- On écrit gu devant les voyelles e, i :

gue → une bague
gui → une guitare

41 j, g ou ge ?

- On écrit g et j pour :

ge → rouge
gi → une bougie

ja → un jardin
je → je jette
jo → joli
ju → une jupe

- On écrit ge devant les voyelles a, o :

gea → il mangea
geo → la rougeole

à la maison

Pour s'assurer que l'enfant a bien compris sa leçon, et pour l'aider à l'apprendre, vous pouvez lui poser ces questions et/ou lui proposer ces activités :

38
- Comment écris-tu les syllabes : *çon* dans *garçon* / *ce* dans *cerise* / *çu* dans *reçu* / *ci* dans *citron* ?
- Comment écris-tu les mots : *facile* / *balançoire* / Etc. ? Si j'oublie la cédille dans *garçon* / *déçu*, qu'est-ce qu'on entendra ? Etc.

39
- Comment écris-tu les syllabes : *co* / *que* / *cri* / *qui* / *ca* / *quin* / *cra* ?
- Comment écris-tu les mots : *une barque* / *coquine* ?

40
- Comment écris-tu les syllabes : *go* / *gre* / *gui* / *ga* / *gué* ?
- Comment écris-tu les mots : *une bague* / *un guidon* / *un légume* / Etc. ?
- Si j'oublie le *u* dans *guitare*, qu'est-ce qu'on entendra ? Et dans *bague* ? Etc.

41
- Comment écris-tu les syllabes : *jar* de *jardin* / *ge* de *rouge* / *gen* de *gentil* / *geon* de *pigeon* / *ju* de *judo* / etc. ?
- Si j'oublie le *e* dans *pigeon*, qu'est-ce qu'on entendra ? Etc.
- Comment écris-tu les mots : *jupe* / *joli* / *rouge* / *jaune* / *garage* / Etc. ?

42

é, è ou e sans accent ?

Quand faut-il écrire é (e accent aigu) ?

- **J'écris é seulement s'il est à la fin de la syllabe.**

le bé/bé — un é/lé/phant — des cé/ré/ales — la té/lé/vision

- **J'écris e sans accent s'il n'est pas à la fin de la syllabe.**

un ef/fort — un dan/ger — il ef/fraie — les pom/piers

Quand faut-il écrire è (e accent grave) ?

- **J'écris è seulement s'il est à la fin de la syllabe.**

mon frè/re — un ma/nè/ge
le zè/bre — la pan/thè/re

L'accent grave sur le è ressemble à une petite flèche pointée vers le e muet !
une sirène

- **Quand il y a un è, il y a presque toujours un e muet dans la syllabe suivante.**

une cuillère — ils se promènent

- **J'écris e sans accent s'il n'est pas à la fin de la syllabe.**

une prin/ces/se — de la fi/cel/le
une four/chet/te — per/du

43

on et on n'

Le pronom sujet on est un drôle de pronom qui peut représenter :

- **Quelqu'un** → **On** a frappé à la porte.
- **Tout le monde** → **On** s'est bien amusé.
- **Personne** → **On** n'a plus faim.
- **Un groupe de personnes** → **On** a gagné.

Même s'il a souvent un sens de pluriel, on est un pronom singulier !

Quand on emploie on dans une phrase négative, il ne faut pas oublier ne ou n' avant le verbe.

– **On n'**a **pas** gagné. → **L'équipe n'**a **pas** gagné.
– **On n'**a **pas** toujours de la chance. → **Tout le monde n'**a **pas** toujours de la chance.
– **On n'**a **pas** sommeil. → **Personne n'**a sommeil.

à la maison

Pour s'assurer que l'enfant a bien compris sa leçon, et pour l'aider à l'apprendre, vous pouvez lui poser ces questions et/ou lui proposer ces activités :

42
- Pourquoi il n'y a pas d'accent aigu dans le mot *escabeau* ? Pourquoi y a-t-il deux accents aigus dans le mot *télé* ?
- Pourquoi il n'y a pas d'accent grave dans le mot *ficelle* ? Pourquoi y a-t-il un accent grave dans le mot *manège* ?
- Écrire ces mots sans accents et demander à l'enfant d'ajouter un accent aigu ou grave quand il en faut un : *une épine - une veste - un boucher - une soupière - mon père - une clé - une règle - une télé - la ficelle - un poirier - ma mère - une perle - un trésor - la terre* - etc.

43
- Qui est représenté par *on* dans ces phrases ? *On a appris une poésie. / On m'a poussé. / On est allé piqueniquer. / On n'a pas le droit de crier. / On adore les frites.* / Etc.
- Transforme ces phrases pour utiliser *on* : *Quelqu'un a fouillé dans mes affaires. / Toute la famille va au cinéma ce soir. / Personne n'a le droit de se moquer des autres. / Tout le monde pense à toi.* / Etc.
- Transforme à la forme négative pour dire le contraire : *On a faim. / On a encore le temps de jouer. / On est lundi aujourd'hui.* / Etc.
- Choisis *on* ou *on n'* dans ces phrases et explique ton choix : *On n'est pas fatigué. / On est bientôt arrivé. / On n'en a jamais mangé. / On n'y arrive pas. / On y pense souvent. / On en reparlera. / On attend le bus.* / Etc.

44

Quatre conjonctions de coordination : **et, ou, mais, donc**

Quand faut-il utiliser et ?

J'utilise et pour mettre deux choses ensemble, comme un signe + dans une phrase.

– Le sel **et** le poivre sont sur la table.

– Voici mon frère **et** ma sœur.

– J'ai un chat **et** un chien.

– J'ai huit ans **et** demi.

Quand faut-il utiliser ou ?

J'utilise ou quand il y a le choix entre deux choses.

– Tu veux du thé **ou** du café ?

– Jouez-vous de la guitare **ou** du piano ?

– Ils arriveront dans un **ou** deux jours.

Quand faut-il utiliser mais ?

J'utilise mais :

- **pour exprimer une opposition (mais = au contraire) ;**
- **pour donner une explication ou une précision importante (mais = pourtant).**

– Nous ne sommes pas vendredi, **mais** jeudi !

– « Veux-tu te promener avec moi ?

– Oui, **mais** pas tout de suite. »

– J'aime le rouge, **mais** je préfère le vert.

– Je voulais venir te voir, **mais** ma voiture est en panne.

Quand faut-il utiliser donc ?

J'utilise donc pour donner la conclusion d'une réflexion (donc = par conséquent).

– Je n'aime pas le jaune, **donc** je n'en porte jamais.

– J'ai bien mangé, **donc** je n'ai plus faim.

– Il risque de pleuvoir, emporte **donc** ton parapluie !

à la maison

Pour s'assurer que l'enfant a bien compris sa leçon, et pour l'aider à l'apprendre, vous pouvez lui poser ces questions et/ou lui proposer ces activités :

- À quoi sert le mot ***et*** ? Peux-tu le mettre au pluriel ou au féminin ? Pourquoi ? Peux-tu dire d'autres mots invariables ? Mêmes questions avec *ou, mais, donc.*
- Relire les 4 exemples du début de la leçon et faire remplacer le mot *et* par le mot *plus* : *Le sel et le poivre* → *le sel plus le poivre.* Etc.
- Écoute ces phrases : est-ce que le mot *et* (*est*) indique qu'on ajoute deux choses (activité orale) ? *La lune et les étoiles brillent dans le ciel. / J'ai cueilli des cerises et des fraises. / Maman et papa sont partis travailler. / Simon est très fatigué. / J'ai mis mon bonnet et mes gants. / Elle est sur un bateau.* Etc.
- Écoute ces phrases : est-ce que le mot *ou* (*où*) indique qu'il y a le choix entre deux choses (activité orale) ? *Veux-tu aller à la plage ou à la piscine ? / Je me demande où est Victor. / Tu préfères le chocolat ou la vanille ? / Zoé a six ou sept ans. / Voici l'endroit où j'ai perdu mes clés. / Tu habites dans une maison ou un appartement ? /* Etc.
- Écoute ces phrases : transforme-les pour utiliser le mot *mais. Il fait froid, pourtant il y a du soleil. / Le maitre est sévère, par contre il est juste. / Je ne veux pas danser, en revanche je veux bien chanter. / Je t'ai appelé, malheureusement tu n'as pas répondu. /* Etc.
- Écoute ces phrases : transforme-les pour utiliser le mot ***donc***. *J'ai beaucoup travaillé, je suis épuisée. / Le soleil se couche, par conséquent il va faire nuit. /* Etc.

45 Quatre mots invariables : à, où, là, voilà

Quand faut-il utiliser à ?

On utilise la préposition à pour préciser...

... à quel endroit ?	... à quel moment ?	... à quoi ça sert ?	... à qui ça appartient ?	... ce qu'il y a à faire.	... à qui, à quoi ?
J'ai mal à la gorge. Je vais à la montagne.	Je pars à 6 heures. Je sors à midi.	un four à pain une tasse à café	Ce sac est à maman. La Terre appartient à tous.	un trou à creuser un travail à finir	Je pense à toi. Je m'intéresse à la musique.

Quand faut-il utiliser où, là, voilà ?

Les mots où, là et voilà sont utiles pour indiquer une direction, un endroit.

Où es-tu ?   Je suis là !   Voilà le trésor !

L'accent grave sur ces mots fait penser à un doigt pointé qui montre une **direction**.

46 ai, as, a, ont / es, est, sont

– Les mots ai, as, a, ont sont des formes conjuguées au présent du verbe avoir.
– Les mots es, est, sont sont des formes conjuguées au présent du verbe être.

Pour être sûr de bien les écrire, je peux passer la phrase au singulier ou au pluriel.

Formes du verbe avoir :

– J'**ai** sommeil. ↔ Nous **avons** sommeil.
– Tu **as** froid. ↔ Vous **avez** froid.
– Il **a** de la chance. ↔ Ils **ont** de la chance.

Formes du verbe être :

– Tu **es** en retard. ↔ Vous **êtes** en retard.
– Le bébé **est** fatigué. ↔ Les bébés **sont** fatigués.

à la maison

Pour s'assurer que l'enfant a bien compris sa leçon, et pour l'aider à l'apprendre, vous pouvez lui poser ces questions et/ou lui proposer ces activités :

45
- À quoi sert le mot *à* ? Peux-tu le mettre au pluriel ou au féminin ? Pourquoi ? Peux-tu dire d'autres mots invariables ?
- Écoute ces phrases : à quoi sert le mot *à* ? *Je vais à Paris* → le mot à sert à dire à quel endroit je vais. *Une machine à laver* → ... / *Il rentre à sept heures du soir.* → ... / *J'ai mal à la tête.* → ... / *J'écris à ma grand-mère.* → ... / *Une tasse à café.* → ... / Etc.
- Les mots *où, là, à* ont un point commun, lequel ? À quoi fait penser l'accent grave sur ces mots ? Peux-tu les mettre au pluriel ou au féminin ? Pourquoi ? Peux-tu dire d'autres mots invariables ?
- Écoute ces phrases : il manque un mot, lequel ? Épèle-le : *J'ai joué de la trompette ... la fête de la musique. / Pose ton manteau ..., sur le canapé. / Je me demande ... se cache mon hamster. / J'habite ... Lyon. / Bonjour, est-ce que ton papa est ... ? / Simon descend ... la cave. / Voici la ville ... je suis né. / Oh, une coccinelle, ... , sur ton épaule ! /* Etc.

46
- Transforme cette phrase au singulier : *Elles ont de la fièvre, elles sont au lit.* → *Elle* ... Comment écris-tu les verbes ? Même activité avec : *Les peintres sont contents, ils ont fini leur travail. / Les garçons sont endormis, ils ont éteint la lumière. / Nous avons tout notre temps. / Vous êtes en retard, vous avez raté le début du film.* / Etc.
- Transforme cette phrase au pluriel : *Il est tout mouillé, il a sauté dans les flaques.* → *Ils* ... Comment écris-tu les verbes ? Même activité avec : *Le gâteau a trop cuit, il est tout noir. Cette petite fille a trois ans, elle est à la maternelle. / Tu es malade, tu as de la fièvre. / J'ai une petite sœur.* Etc.

47 Les **déterminants** et les **pronoms** qui **commencent par s** ou **c**

Certains déterminants et pronoms commencent par un c : ce sont les déterminants et les pronoms démonstratifs.

- **Le c ressemble à la forme d'une main qui montre quelqu'un ou qui désigne quelque chose.**

– Regarde **ce** drôle d'oiseau !

– **Cet** exercice est difficile.

– **Ces** fleurs sentent bon.

– **Cette** écharpe est jolie.

– **C'**était une petite souris.

– **Ça** sent bon.

– Tu préfères **celle-ci** ou **celle-là** ?

– Choisis deux crayons, **ceux** que tu veux.

D'autres déterminants et pronoms commencent par un s : ce sont les déterminants et les pronoms possessifs, ainsi que les pronoms réfléchis.

- **Le s ressemble au geste que l'on fait pour montrer :**
  - **ce qu'on possède ;**
  - **ce qui est à soi ;**
  - **ce qu'on fait à soi-même.**

– Il a perdu **son** chat.

– Il cherche **ses** lunettes.

– Ce livre est le **sien**.

– Ces bottes sont les **siennes**.

– Il **se** demande quoi faire.

– Elle **s'**est lavé les dents.

– Il **s'**était endormi.

à la maison

Pour s'assurer que l'enfant a bien compris sa leçon, et pour l'aider à l'apprendre, vous pouvez lui poser ces questions et/ou lui proposer ces activités :

- Reprendre toutes les phrases d'exemples dans le désordre, en les accompagnant du geste qui convient. Exemple : *Il se demande quoi faire.* (Il se demande à lui-même, geste formant un *s* pointant sur la poitrine.) / *Regarde ce drôle d'oiseau !* (On pointe du doigt, comme pour montrer l'oiseau, et avec l'autre main, on dessine le *c* formé par le pouce et l'index.) Etc.

- Écoute ces phrases et indique s'il faut un *c* ou un *s* : *Il se repose. Ils s'étaient perdus. / C'était une étoile filante. / C'est le bus qui arrive. / C'est quoi, cet objet par terre ? / Il faut prendre soin de ses affaires. / Il se brosse les cheveux. /* Etc.

48

L'accord du participe passé

Quand un verbe est conjugué à un temps composé, faut-il accorder le participe passé ?

Avec l'auxiliaire avoir, il faut réfléchir au sens de la phrase et à sa construction.

- **Dans les exemples ci-dessous, quand j'écris le participe passé acheté, je n'ai pas encore écrit ce qui a été acheté.**

Donc, je n'accorde pas le participe passé.

– J'ai acheté un sac.

– J'ai acheté une trousse.

– J'ai acheté des crayons.

– J'ai acheté des pommes.

- **Dans les exemples ci-dessous, quand j'écris le participe passé acheté, j'ai déjà écrit ce qui a été acheté.**

Donc, j'accorde le participe passé.

– Le sac que j'ai acheté est en cuir. *(masc. sing.)*

– La trousse que j'ai achetée est pratique. *(fém. sing.)*

– Les crayons que j'ai achetés sont pointus. *(masc. plur.)*

– Les pommes que j'ai achetées sont bonnes. *(fém. plur.)*

Quand la flèche va vers la droite, je n'accorde pas le participe passé !

Quand la flèche va vers la gauche, j'accorde le participe passé !

Avec l'auxiliaire être, on accorde le participe passé avec le sujet.

– Nathan est tombé dans la cour.
GS

– Célia est arrivée en retard.
GS

– Elles se sont disputées.
GS

– Les enfants sont partis en bus.
GS

– Mes deux sœurs sont allées à la mer.
GS

La flèche va toujours vers la gauche, donc j'accorde toujours !

à la maison

Pour s'assurer que l'enfant a bien compris sa leçon, et pour l'aider à l'apprendre, vous pouvez lui poser ces questions et/ou lui proposer cette activité :

Faites réfléchir l'enfant sur les exemples suivants. Faites-lui expliquer la procédure utilisée. *Nathan a cueilli des fraises.* (Exemple d'explication : Quel auxiliaire est utilisé ? *avoir.* Qu'est-ce qui a été cueilli ? *des fraises.* La flèche va vers la droite, le participe passé ne s'accorde pas.)

Laura s'est endormie sous un arbre. (Quel auxiliaire est utilisé ? *être.* Qui est-ce qui s'est endormi ? *Laura.* J'accorde, donc je mets un *e* à *endormie.*)
Les fraises qu'il a cueillies sont mures. / J'ai ouvert la fenêtre. / La fenêtre que j'ai ouverte provoque un courant d'air. / Jessy a cassé sa montre. / Mes cousines sont arrivées hier soir. / Etc.

49

Infinitif en -er, participe passé en -é ou verbe à l'imparfait ?

- **Pour savoir s'il faut écrire -é ou -er ou -ais/-ait/-aient à la fin d'un verbe, je modifie la phrase en remplaçant le verbe du 1er groupe (en -er) par un verbe du 2e ou du 3e groupe (en -ir, -oir, -dre...).**

Le lion va sauter sur sa proie.	Le lion a sauté sur sa proie.	Le lion sautait sur sa proie.
↕	↕	↕
Le lion va bondir sur sa proie.	Le lion a bondi sur sa proie.	Le lion bondissait sur sa proie.

- **Derrière une préposition comme à, de, pour, le verbe est toujours à l'infinitif.**

Il commence **à** neiger. → Il commence **à** pleuvoir.

Tu as besoin **de** te reposer. → Tu as besoin **de** dormir.

Il n'y a pas de place **pour** se coucher. → Il n'y a pas de place **pour** s'assoir.

à la maison

Pour s'assurer que l'enfant a bien compris sa leçon, et pour l'aider à l'apprendre, vous pouvez lui poser ces questions et/ou lui proposer ces activités :

- Comment s'écrit le verbe *donner* à l'infinitif ? au participe passé (en utilisant *j'ai*) ? à l'imparfait (en utilisant je, tu, il(s), elle(s) ? Même travail pour : *finir / respirer / voir / demander / partir / vouloir / fabriquer / revenir* / etc.
- Dans ces phrases, remplace le verbe en *-er* par un autre en *-ir* ou *-dre* (par exemple : *mordre/mordu/mordais - mordait - mordaient* ou *finir/fini/finissais - finissait - finissaient*) et indique sa terminaison : *J'ai téléphoné. / Je vais téléphoner. / Marcel téléphonait chaque soir à ses parents. / J'apprends à jouer aux billes. / J'ai déjà joué aux billes. Autrefois, je jouais aux billes. / Elles travaillaient avec moi. / Elle voudrait travailler toute seule. / Elle a travaillé dans sa chambre.* / Etc.
- Complète ces phrases avec un verbe en *-er* de ton choix, en précisant la terminaison : *Il a besoin de... / Il pense à... / Vous avez... / Vous allez... / Il est temps de... / Vous avez oublié de... / Nous avons...* / Etc.

50 Des mots à bien connaitre

1 -à

à
voilà
là
déjà
là-bas
celui-là
celle-là

2 -ant-

avant
avant-hier
auparavant
davantage
devant
pendant
cependant
durant
maintenant

3 -s

dans
sans
dedans / dehors
dessous / dessus
depuis
puis
ailleurs
vers
à travers
toujours
plus
plus ou moins
alors

4 -qu-

qui ?
quand ?
quoi ?
pourquoi ?
parce que
Est-ce que... ?
Qu'est-ce que... ?
presque
lorsque
quelquefois
quelqu'un
quelques-uns
quelques-unes

5 de-

demain
debout
depuis
dedans
dehors
devant

6 -ci

ici
voici
celui-ci
celle-ci
merci

7 -ès

très
près
après
auprès
exprès
dès

8 -si

si
aussi
ainsi

9 -en-

encore
enfin
ensuite
ensemble
à l'envers
à l'endroit
souvent
comment

10 -ain-

demain
maintenant
soudain
ainsi

11 -bien-

bien
combien
bientôt

12 -temps

le temps
longtemps
de temps en temps

à la maison

Pour s'assurer que l'élève a bien compris sa leçon, et pour l'aider à l'apprendre, vous pouvez lui poser ces questions et/ou lui proposer ces activités :

- Faire redire les mots de la liste à apprendre, les épeler et les écrire.
- Dicter les mots de la liste à apprendre.
- Utiliser chaque mot dans une phrase à inventer.
- Dicter également quelques mots des listes déjà apprises.

13 -tôt

tôt
bientôt
aussitôt
tantôt

14 -fois

parfois
quelquefois
autrefois
une fois

15 -au-

autour
aujourd'hui
autrefois
autant
sauf

16 -tout

partout
surtout
tout à coup

17 -coup

beaucoup
tout à coup

18 -ord

d'accord
d'abord

19 -tant

autant
pourtant
tant pis
tant mieux
tant que

20 h-

hélas
hier
aujourd'hui
en haut
halte

21 -ez

chez
assez

22 -mais

mais
jamais
désormais

23 les « sans famille »

car
donc
trop
un peu
peut-être

24 -ment

autrement
brusquement
doucement
exactement
facilement
heureusement
lentement
seulement
tranquillement
vraiment

à la maison

Pour s'assurer que l'élève a bien compris sa leçon, et pour l'aider à l'apprendre, vous pouvez lui poser ces questions et/ou lui proposer ces activités :

- Faire redire les mots de la liste à apprendre, les épeler et les écrire.
- Dicter les mots de la liste à apprendre.
- Utiliser chaque mot dans une phrase à inventer.
- Dicter également quelques mots des listes déjà apprises.

2

- En jouant dans le garage, Perrine a fai… une énorme bêtise.
- Ces immeubles ont été fai… pour résister aux tremblements de terre.
- Elle n'ose pas avouer à ses parents la bêtise qu'elle a fai… .
- Ces bottes de caoutchouc sont fai… pour marcher dans l'eau.
- Les élèves de madame Évrard ont fai… de gros progrès.
- Il faut que je corrige les erreurs que j'ai fai… .
- Joëlle et Pierre ont fai… de fabuleux voyages.

Demande-toi, au moment d'écrire le participe passé : « Qu'est-ce qui a été **fait** ? Est-ce que j'ai déjà écrit ce qui a été **fait** ? »

3

Demande-toi, au moment d'écrire le participe passé : « Qu'est-ce qui a été **pris** ? Est-ce que j'ai déjà écrit ce qui a été **pris** ? »

- Dommage, la photo que tu as pri… est un peu floue.
- Les vêtements chauds que j'ai pri… ne me serviront pas.
- J'ai pri… une malle au grenier pour y ranger des affaires.
- Le chien a pri… une saucisse dans le panier de courses.
- L'armoire que j'ai pri… au grenier mérite un bon dépoussiérage.
- Les randonneurs ont pri… des précautions afin de ne pas salir la nature.
- Les précautions qu'ils ont pris… ont été utiles.

4

- J'ai envoy… une carte postale à mon cousin.
- La carte que je lui ai envoy… n'est pas encore arrivée.
- Les Américains ont envoy… une nouvelle fusée hier soir.
- La fusée qu'ils ont envoy… se dirige actuellement vers la Lune.
- Ces bottes fourrées ont été envoy… de Russie par ta grand-mère.
- Ne vous inquiétez pas, votre colis vous sera envoy… dès demain.
- Chaque année, près de vingt milliards de lettres sont envoy… par la poste.

Demande-toi, au moment d'écrire le participe passé : « Qu'est-ce qui a été **envoyé** ? Est-ce que j'ai déjà écrit ce qui a été **envoyé** ? »

5

Demande-toi, au moment d'écrire le participe passé : « Qu'est-ce qui a été **ouvert** ? Est-ce que j'ai déjà écrit ce qui a été **ouvert** ? »

- Ces cacahouètes grillées m'ont ouver… l'appétit.
- J'ai ouver… cette lettre par erreur, elle n'était pas pour moi.
- Quand j'ai ouver… les yeux, il faisait encore nuit.
- Il faudra bien refermer tous les pots de peinture que tu as ouver… .
- La bouteille a fait un drôle de bruit quand tu l'as ouver… .
- Depuis dimanche dernier, la chasse est ouver… .
- Il y a un courant d'air, va fermer les fenêtres qui sont ouver… .

Les classes grammaticales

Les noms communs		Les noms propres	
Noms de personnes	**Noms d'animaux**	**Noms propres de personnes**	**Noms propres de lieux**
enfant, femme, garçon, médecin…	crocodile, moustique, girafe…	M. Durand (nom de famille) Chloé (prénom) Kiki (surnom)…	l'Italie (pays) Strasbourg (ville) les Alpes (montagne) la Loire (cours d'eau)…
Noms concrets	**Noms abstraits**	**Marques commerciales**	
maison, forêt, fenêtre, feu…	qualité, aventure, vitesse…	Peugeot, Adidas…	

Les adjectifs

Placés avant ou après le nom, ils donnent des renseignements sur le nom.

Quelle est sa taille, sa forme ?	Quelle est sa couleur ?	Quel est son caractère ?	Qu'est-ce qu'on en pense ?
petit, grand, épais…	bleu, jaune, vert…	gentil, courageux, rapide…	intéressant, magnifique, amusant…

Les déterminants

*Ils sont toujours placés **avant** le nom.*

le cheval **la** mer **les** élèves **l'**univers	**au** printemps une tarte **aux** pommes la guerre **du** feu la chambre **des** enfants	**un** bol **une** journée **des** dessins	**ma** poupée **mon** jouet **ta** ville **ses** cahiers…	**ce** garçon **cette** maison **cet** élève **ces** légumes

quel garçon ? à **quelle** heure ? **quels** animaux ? **quelles** vacances ?	**aucun** doute **plusieurs** élèves **quelques** personnes **certains** exercices…	**Quel** joli chapeau ! **Quelle** surprise ! **Quels** beaux oiseaux ! **Quelles** aventures !	**deux** livres **quatre** chevaux **cent-vingt-trois** élèves

Les pronoms

Ce sont des mots qui désignent quelqu'un, quelque chose.

Les pronoms sujets	Les pronoms compléments
Je	**te la** prêterai.
Tu	penses à **lui**.
Il / Elle / On	**les** écoute.
Nous	**leur** téléphonerons.
Vous	**le** remercierez.
Ils	ont besoin de **toi**.

Les verbes

Ce sont des mots qui se conjuguent, pour dire…

… tout ce qu'on peut faire		… tout ce qu'on peut être : les verbes d'état (Vé)
chanter danser courir dormir	**comprendre** quelque chose **ouvrir** une porte **commencer** son travail **avoir** une bonne note	**être** fatigué **sembler** impatient **devenir** pilote **rester** calme

Les mots invariables

à midi une lampe **de** poche **sans** les mains **pour** commencer **sur** la table	Tu vas **bien**. Il marche **lentement**. Je l'aime **beaucoup**. C'est **trop** salé. **hier** Reste **ici** ! Lance-la plus **loin**. Il **ne** viendra **plus**.	toi **et** moi le jour **ou** la nuit **ni** toi **ni** moi **mais** **car** **or** **donc**	J'espère **que** tu viendras. **lorsque** le soleil se lève **puisque** tu pars **quand** tu était petite **si** tu veux **parce que** c'est comme ça

Pour plus de précisions, consulte ton aide-mémoire.